CHEERS

与最聪明的人共同进化

HERE COMES EVERYBODY

U0672067

# 别让猴子跳回背上

## 为什么领导没时间，下属没事做？

［美］威廉·安肯三世 ◎著　陈美岑 ◎译

经典版

William Oncken, III

# MONKEY BUSINESS

Are You Controlling
Events or Are
Events Controlling You?

浙江人民出版社

ZHEJIANG PEOPLE'S PUBLISHING HOUSE

## 各方赞誉

《别让猴子跳回背上》以幽默、透彻的方式，指出了一般的管理错误，以及让时间管理松绑的真正秘诀。没有长篇大论，也没有理论堆砌，是一本以常识为基础的实用好书。

**联合卓越企业培训经理**
**彼得·斯特朗**

大多数来自管理书籍的建议，若非毫无用处，便是毫无效率可言。但从《别让猴子跳回背上》一书中，你可以获得当今举世无双的最佳建议。

**自由国会基金会总裁**
**保罗·韦里奇**

这是一本可读性极强、一针见血、棒透了的小书。威廉的讲述鞭辟入里。这是所有被杂务缠身的管理者必读的一本书。

绘图广告设计公司设计师

大卫·特里普

本书非常传神地将任务比喻成"猴子"，它帮助我们借由理论联系起实际的职场关系。几乎每一个例子，都让我们得以用全面、有效的方式来检视管理和领导流程。这是一本实用性极强、通俗易懂、生动有趣的书。

美国电视节目主管协会影视研讨会协调人

罗德·赖特迈尔博士

当我看完第 2 章的刹那，脑中便涌现出这些词：创新、清晰、有趣、实用、知识性、启发性。这本书让我时而开怀大笑、时而认真思索，并开始摒弃一些不好的言行，重新建立起良好的习惯。

佐治亚军事学院执行副院长、美国陆军退役上校

弗雷德·范·洪

本书的见解真是一针见血，它谈论的是严肃的管理问题。无论你任职于什么机构，本书都将让你获得

你所需要的可支配时间。本书经得起时间的考验……你的时间的考验。

> 弗吉尼亚州卫生与人力资源部副部长
> 小约翰·韦斯利·尤斯特

我认为"猴子理论"可能是我们能提供给管理者，让他们提高工作效率的重要工具。《别让猴子跳回背上》所传播的猴子概念是如此直白与令人难忘，容易让人接受与应用。这是让管理者从"自己做"转型到"做领导"的秘密武器。

> 明尼阿波利斯《明星论坛报》广告部副总裁
> 弗雷德·亨特

《别让猴子跳回背上》是针对所有积极进取的管理者与新手管理者所写的一本书，也是他们的必读之书。猴子应该各就各位。有经验的管理者如果看完这本书，或许能甩掉背上的一两只猴子，让自己轻松许多。

> 布朗全球顾问公司退役军人事务部部长
> 杰西·布朗

我很喜欢这本书，一如我对研讨会的喜爱。安肯独一无二与深具说服力的语言技巧，让阅读变得更有冲击力。安肯在书中融入了轻松慧黠的幽默，对于像我这种数十年来都在接触管理顾问的人来说，这种思绪清晰与直言不讳的方法，是如此特殊与无价。

**加利福尼亚州圣莫尼卡布洛克传播集团**
**理查德·布洛克**

《别让猴子跳回背上》针对当今企业界面对的管理与领导困境，提出独到的分析及简单有效的解决方案。探讨企业领导的专论书籍通常致力于教导人们成为完美杰出的领导者，但安肯给我们的提示是，如何将领导特质付诸实行，进而提炼出组织中潜藏的创意与效率。

**美国国防部基金会执行长**
**安迪·麦辛二世**

对我而言，商业社会的运作步调十分紧凑，如果书中揭示的企业管理理论无法被理解与运用，真难想象我该如何过活。

美国预算广告公司主席
理查德·维格里

《别让猴子跳回背上》为提高工作效率、增加组织产能，提供了一种即时可用的具体策略。企业领导人在想要将现有工作团队转换为充满创意、热衷学习与授权完备的活力企业时，可以参考本书提供的企业管理必备的独特视野。

西方数位公司主管
罗素·史丹

**MONKEY BUSINESS**
ARE YOU CONTROLLING EVENTS OR ARE EVENTS
CONTROLLING YOU ?

**推荐序一**

# 责任是一只"猴子"

姜汝祥
北京锡恩企业管理顾问有限公司首席顾问

最开始读到"责任的猴子理论"是在美国读书的时候,在课堂上,老师是把这个故事作为"大公司病"的案例来讲的,比如类似下面的案例:

在一家公司的销售会议上,营销部门经理说:"最近销售做得不好,我们有一定的责任,但是最主要的责任不在我们,而是竞争对手纷纷推出新产品,比我们的产品好,所以我们很不好做。"

研发部门经理说："我们最近推出的新产品是少，但是我们也有困难呀，预算太少了！"财务部门经理说："是，我是削减了你的预算，但是你要知道，公司的成本在上升，我们当然没有多少钱。"

这时，采购部门经理说："我们的采购成本是上升了 10%，可为什么上升你们知道吗？俄罗斯的一个矿山爆炸了，导致不锈钢价格上升。"

"哦，原来如此呀！"

结果是：销售不好是因为俄罗斯的矿山爆炸了。

听过之后，这个理论一直在我的脑中徘徊，因为我觉得与其在西方的应用相比，这个理论在中国更有价值得多。不错，无论中西方，企业中都不断上演着这样的故事，在遇到困难或问题时，员工总会寻找各种理由来证明不是自己的问题，然后将责任推到其他人或事上。道理也不复杂，那就是人的本性中始终都在重复的一个永恒的主题：规避风险。

但规避风险、推卸责任在中国更有特殊性，这跟我们的传统教育有关。在我们的传统教育中，缺乏一种培养孩子独立承担责任和解决问题的意识。孩子碰到椅子跌倒了，做妈妈的会责备椅子的不是，从而来安慰孩子不哭，把责任推给椅子而不是让孩子勇敢地站起来。孩子读书，父母望子成龙，学习琴棋书画皆由父母定夺，孩子自己没有选择的空间。在这样的教育环境下，我们很多人长大后缺乏独立承担责任的能力。

中国是一个农业大国，世代以农耕为生。在这种附地而生、看天吃饭的农耕方式中，粮食的丰收除了辛勤劳作以外，更多的是与天气、雨水有关。这种长期依赖自然环境的生存方式，让人们产生了一种强烈的依赖心理，从过去依赖天气、土地，到现在依赖父母、家庭、领导，最后，一旦遇到困难就把问题归结于"椅子"。由此我们就懂得了，为什么企业中常常会上演诸如"俄罗斯的矿山爆炸"这样的荒唐逻辑，是因为我们员工的责任被依赖取代了，责任转移到了父母身上，转移到上级的身上去了。

比如，当下属向你请示的时候，如果你的回答是"我想一想，一会儿再告诉你"，那么半小时后，你会发现这个下属就站在你的门口，敲你的门问："领导，这个问题您考虑得怎么样了？"本来这个问题是需要他解决的，你应该去检查他完成得如何，可现在变成了什么呢？现在是他来问你考虑得怎么样了，是他在检查你！于是，猴子就跳到你的身上来了。

我相信这种情况在中国员工身上上演得更多，中国员工这样问得多，也自觉不自觉地会用猴子来对抗上级管理者的强硬管理。在这样一种卸责的传统下，作为管理者如何让员工对工作负责、对自己的成长和未来负责呢？我觉得这本书就提供了很多思考与答案。比如让员工照顾好自己的猴子，而照顾好的前提就是锁定责任，猴子原来在谁的身上，无论有什么变化，它都应该被锁定在原来责任人的身上，不能让责任这只猴子乱跳。

但要做到这一点是很难的，中国很多的民营企业都是依靠企业家早期单枪匹马打下的江山，企业的成功就是企业家的成功。在这种能人体系里面，组织能力、员工的能力可有可无，关键是企业家个人的能力。员工、组织的能力基本上被企业家的能力取代了。

从这个意义上讲，猴子管理理论的前提是企业家的战略人生选择，要从企业家的能人体系转变成以员工为核心的组织能力，而支撑这一转变的是企业家真正地把企业的成长建立在员工成长的基础上，员工能否获得成长，能否变得独立，以及能否承担责任，这才是让员工照顾好自己的猴子的意义所在！

由此我们就懂得了，锁定责任，将猴子永远锁定在员工的身上，不仅是对员工自己的成长负责，让他们能够独立，从而不断提升解决问题的能力，同时也是对企业的持续发展负责。因为无论一个企业家的能力有多强，他都有离开的一天，而只有组织，只有依赖于所有员工的团队，才能让企业获得持续的发展。

我觉得这正是这本书的意义所在，不仅对员工有价值，更是为企业家提供了一个战略性管理的起点。

扫码了解如何将猴子管理原则用在工作和生活中。

**MONKEY BUSINESS**
ARE YOU CONTROLLING EVENTS OR ARE EVENTS
CONTROLLING YOU ?

**推荐序二**

# 成功领袖的智慧源头

莫顿·布莱克威尔
美国领导力学院总裁

法则不外乎三种：人定的法则、圣律、自然定律。

人定的法则，亦即人类立法的结果，因时因地而不同。有些法律相当愚蠢，有些具有破坏性，有些根本不可行，也无法执行，有些则只适用于某些人。

圣律放诸四海而皆准，体现一个不完美的人类竭尽所能可以达到的理想境界。

　　自然定律是对现实特性的推论，经过经验的验证。我们会发现，它可以应用在每个人身上，只要我们高兴，便可以运用。

　　自然定律早在被我们发现之前，便存在于事物与能量的物质世界，也存在于人际关系的领域。成功的人多半会尽可能地研究、学习与运用过去曾经发现过的一切，无论实用与否。

　　我们可以制造与驾驶飞机，但如果我们忽略或忘记物质定律，即地心引力对所有物质的影响，那么就可能会遇到大麻烦。

　　同样地，在人类的成就方面也有一份在尝试错误之后来之不易的知识宝藏。有些行动会比其他行动有更好的结果。从政治到商业的活动中，那些可以引导大家的人，往往就会寻找并研究如何成为成功领袖的智慧源头。

　　25 年前，我首次参加安肯公司的时间管理研讨会。我当时的雇主直复营销主管理查德·维格里（Richard

Viguerie）每年都会邀请安肯先生来举办讲座，并要求维格里公司的全体员工参加他的研讨会。安肯是一位独具魅力的演讲者，研讨会对我们更是助益匪浅，因为他所传授的内容相当有趣，是一整套当时无人能想到的管理技巧。

显然，安肯对管理技巧已研究得相当透彻。安肯所提出的原则，如果能够得到切实执行，将大大增进主管与下属之间的关系。善用安肯的管理智慧使得维格里的公司成为政府直辖领域中一家无可匹敌的龙头企业。

我所见过的其他管理原则大多枯燥乏味，也经常认为这些原则是错误的。安肯从不令人感到乏味，而且我相信他所言甚是。

接触安肯的管理技巧是改变命运的重要体验。一旦你学会这些技巧，便会不由自主地注意到运用这些技巧的管理者所获得的成就。在管理苦海中载沉载浮的管理者，大多是那些不懂得善用安肯原则的人。

从我首次参加安肯研讨会至今已历数十载，我曾在美国的参议院担任幕僚，在里根政府担任幕僚，并且在我自己创办的教育基金会任职董事长。我曾经向许多企业创办人讨教过管理心得，从种种情况中观察到的是，那些能运用安肯原则的人要比不会运用此原则的管理者成功许多。

几年前，我知道小威廉·安肯的儿子威廉·安肯三世正从事继续推动安肯的管理研讨会的工作。于是我聘请他前来公司对员工传授安肯原则，开始召集其他人前来参加他的研讨会。美国一些知名的公共政策组织领袖都很感激我把他们拉来听年轻的安肯的精彩演讲。

现在，他在这本书中所提出的概念更为完整，也是根据安肯的主要论述——"别让猴子跳回背上"而来。书中包含：

🐒 管理的基本原则；

🐒 让管理原则容易记忆的幽默术语；

🐒 这些管理原则何以奏效的具体故事。

我将《别让猴子跳回背上》一书送给公司的 54 名员工，希望它能带给我的员工一些建议。而这些也是我对读者的建议：仔细阅读这本书，再重读一遍，深入思考书中提出的管理原则。任何你希望在目前工作与未来事业上达到的成就，都可以从你对这些智慧的领略与运用中获得。

## 测一测　　你了解"猴子管理法"吗？

**1.** 是谁发明了"猴子管理法"，让中层管理者找到时间管理的有效方法，甩掉"背上多余的猴子"？

A. 威廉·安肯三世

B. 安迪·格鲁夫

**2.** "猴子管理法"中的猴子指的是传统管理中的？

A. 任务

B. 项目

**3.** 假如一位员工遇到了问题，并找到了他的上级倾诉，上级听过后说："我会重新想一遍，再告诉你我怎么做。"那么"猴子（两人谈话后下一个步骤）"到了谁的身上？

A. 员工

B. 上级

三道题答不过瘾？
扫码测一测，
获得完整的题目及解析。

# MONKEY BUSINESS
ARE YOU CONTROLLING EVENTS OR ARE EVENTS
CONTROLLING YOU ?

## 目录

- 为什么猴子能不知不觉、隐而不见、无声
  无息地往上跳？

# MONKEY
# BUSINESS

第1章

ARE YOU CONTROLLING EVENTS
OR ARE EVENTS CONTROLLING YOU ?

## 源源不断的猴子

在任何企业中，管理者的老板、平级与下属，以他们提供的主动支持为前提，都会提出要求；正如同这些人在寻求管理者的协助时，管理者也会对他们提出要求。这些要求占据了管理者很多时间，而追求成功的管理者要看他能否有效掌控源源不断的"背上的猴子"（monkey-on-the-back），从而判断他是否做好了管理者。

这种两难困境一直是备受苛求的管理传奇故事的主轴：人们从痛苦的经验中学习，秉持着照顾与喂养猴子永远是下属责任的精神来分派任务。否则，管理者将会被迫完成原本属于团队成员的工作责任；这些人枉顾企业精神与管理原则，甚至对于这种角色转换还乐在其中。

当你在阅读《别让猴子跳回背上》的故事时，你可能会看到自己扮演老板、管理者或者是下属的角色，也将体会到各种角色的挑战性。最后，在人事的管理上，你可能会找到类似的解决之道。

每天下班时，包括大多数管理者在内的芸芸众生都会困惑地问："我今天都做了些什么？"

这些努力工作、自觉主动的人基本上希望能够保住自己的工作，所以他们不会想冒险听到诚实的答案。但是，这个答案或是解决之道可能就决定了成功与失败的主管、员工或企业的差别。

## 你的角色

管理者的贡献来自于他们的判断力与影响力，而非他们个人投入的时间长短与埋头苦干的程度。尽管管理者在任何组织里都只占很小的比例，却攸关组织未来的前途。他们掌控时间的方式和那些非管理者对于时间管理的考虑大不相同——后者的贡献主要来自于时间与努力。

对于非管理者而言，时间管理只是"在较少的时间内做更多事情"的诀窍，主要包括自我管理技巧的改进、自制力提升的秘诀以及自我评估与考评的诀窍。这种方式主要适合以下一些工作者：销售人员、会计人员、工程师、设计师、作家、质检员、出租车司机、开业医师、企业家、农夫与其他专业人员，这些人的绩效表现来自独立工作的直接结果。应用原则是：做好工作计划，按照计划工作。

相对而言，管理者的绩效表现则是许多人群策群力的结果，这些人包括组织内部与组织外部的人，只有透过判断与影响才可以控制。对管理者而言，时间管理是让他们的判断命中率达到百分之百，让所运用的影响力发挥最大功效的一种策略。

管理者必须借着巧妙运用时间管理的内容与时机，尽可能增加自己的可支配时间 ( 这些时间必须用于完成必要的判断 )。

# 管理者的时间管理

时间管理牵涉到组织内部与外部、管理者与合作者的互动。

管理者的时间管理包括下列 4 大要素 ( 但不局限于此 )。

## 老板占用的时间

用来完成老板所要求的工作。在未考虑会直接与立即实施的惩罚之前，管理者不能等闲视之。

## 组织占用的时间

这些时间是用来处理管理者寻求平级支援时，对方所提出的要求。虽然不至于遭到直接与立即的惩罚,但也不能轻易忽略这些要求。

## 自己占用的时间

这些时间是用来完成管理者原本要做或同意去做的事情。这类时间中有相当大的比例会被下属占用,因此又称为"下属占用的时间"。剩下的时间才属于自己,也称为"可支配时间"。自己占用的时间不会受到行政处罚,老板或组织无法因管理者未完成任务而处罚他们,因为组织一开始便不知道管理者究竟要做哪些事情。管理者如果无法有效地运用这些时间,便会受到微妙而严厉的非行政处罚,包括找不到下属、自己的时间不够用以及没时间与家人相处等。

## 外界占用的时间

这些时间是用来满足顾客、投资者、供应商、政府机构与社会团体需求之用。如果忽略他们的要求,他们也可能忽略我们的要求——无论是哪一种情况,"整场球赛就此结束"(我们也可以关门大吉了)。

# 两难困境

老板占用的时间与组织占用的时间，对于喜欢做自己工作的人而言，同时又要完成组织所要求的创意、效率，确实是种两难困境。

## 一、服从

老板一般会要求员工在工作上做到服从。管理者必须服从这些要求，否则组织的领导与责任结构将荡然无存。有些人认为，为了完成工作，他们应该时常反驳老板——若想创新，可能要冒着被指责为不服从的风险。对于这一点，我们尚无理论基础或模式可以诠释，尽管海军对此有一名词——"叛变"。

## 二、一致性

组织通常要求制度上的一致性，但通常被视为"个人目的遭到组织妨碍"。组织里的每一分子必须要具备一致性，否则企业的团队结构便会瓦解。不过，还是有人会认为要完成任务，偶尔也要违背体制——

为了表现创意，可能会被贴上"特殊分子"的标签。一种必要之恶，目前亦无理论模式可循。不过，对于表现出外行行为的人，尚有一些其他的形容词，如犹豫不决者、严守纪律者、特立独行者、自由不受拘束者、具有创意者等。

## 三、创新

组织会希望居于任何职位的人都具备创意，否则企业将因无法适应环境而不能生存。但企业如何获得急需的创新，同时又保持责任分明与团队结构呢？

在他们尝试解决这些两难困境时，有人觉得管理者一方面常说他们想创新，而有时又暗示他们无法忍受这些创新。

# 应对之道

为了掌握时间管理与集中可支配时间，管理者必须掌控好工作的时机与内容。因为老板与组织所指派的任务有惩罚执法在背后撑腰，如何恰当地运用自己的时间便成了需要考虑的最主要因素。

　　管理者的策略在于增加自己的时间，通常是借由缩小或尽快解决下属占用的时间比例，亦即消除"往上指派的工作"（upward delegation），这样他们就可以运用额外的时间，妥善处理老板与组织交付的任务，其方法为：（1）让老板对他们的能力有信心，（2）建立与协作团体的合作关系——这些做法都需占用管理者的可支配时间。

　　大多数管理者的许多时间被下属占用的时间浪费掉了，对此他们甚至还懵懂不知。我们将以"背上的猴子"为比喻，检视下属占用时间的发生原因，以及管理者的应对之道。

## 专业驯猴师

　　要妥善管理猴子，首先你该知道什么是猴子，谁的背上有猴子。

## 何谓猴子

**"猴子"就是双方谈话结束后的下一个行动步骤。猴子不是问题、项目、计划或机会，猴子只是解决问题、进行项目计划或是投入机会的下一个行动步骤、下一个措施。**

如果你在工作时间的谈话中想到这一点，那么，重点就在于对话于何处结束以及如何开展下一个步骤。

我要解释的是，我们的猴子是比喻如何对应传统的管理词汇。当我说"猴子"，传统管理者用的是"任务"。他们对任务的定义是"任何时间、地点可以执行的职责"。所以，如果我要求你和会计部门谈谈，那是一项任务。如果我要求你写一封信，那也是一项任务。如果我要你打电话，这也是任务。如果我要你出差两天，这还是任务。何以如此？因为它们都能在某个时间与地点完成。因此，这些事务与我所定义的"猴子"，亦即"下一个步骤"都可以互相对应。

现在，你可以再进一步以"猩猩"来对应管理词汇吗？一个项目。没错，因为项目不是在任何时间或地点皆可执行的。项目是包含一个以上步骤的阶段流程。

那么，项目与任务之间究竟有何关系？学术界人士告诉我们，项目是许多并列的小任务的总和。这一点可回溯到欧洲文艺复兴时期，要从那时人类重新发现因果自然定律时说起。如果你要从甲地到乙地，势必要经过许多的下一步才得以完成。以我的话来讲，猩猩就是一群并排的猴子的总和。

但光认识猴子还不够，你必须知道猴子的第二个重要资产。如果现在你还搞不清楚这一点，你可能很容易在照顾与喂食猴子上出现管理不当的情形。

## 谁有猴子

每一只猴子都会有两边的人马介入——一方负责解决，另一方负责监督。重要的争议在于，由谁展开下一步？展开下一个步骤的人就有猴子——这也是你会在看到猴子时，就知道有猴子的方法。

至于"谁有猴子"这个问题应该表达清楚，否则，没有人知道谁该采取下一个步骤，甚至也不知道下一个步骤是什么。在这种情况下，最后可能会一事无成，否则就是找个不胜任的人来完成工作。老板花钱聘请管理者，便是要他们负责确定正确的人在正确的时间完成正确的事情。

## 下属占用的时间

"往上蹿升的猴子"（往上指派的下一步骤）足以说明下属占用的时间，并且会啃噬你大部分的可支配时间。下属占用的时间由猴子成功地从下属的背上跳到主管背上的那一刻开始，除非猴子能回到照顾喂养它的正确的饲养人身上，否则下属将永远占用你的时间。

# 安肯自由量表

行动的自由程度取决于任务层级与授权范围。相对于老板与组织，下属可运用的任务层级有 5 个：

（5）独立行动，例行性报告（最高层级）。

（4）行动，但需立即请示（意味着报告频率超过例行程度）。

（3）提出建议，按照裁断的结果行动。

（2）请示要做什么。

（1）等待指示（最低层级）。

当下属的自由层级属于第 1 级与第 2 级时，他们就会占用你的时间——你必须花时间做他们所想、所计划的事情，并为他们答疑解惑。这是下属要占用的时间。这些事情占用你的可支配时间。

当下属只是执行任务，其自由层级属于第 1 级与第 2 级，他们便犹如芒刺在背。但如果他们的自由层级提升到第 3 级时，很多正面的事情就会同时产生：你可以人尽其才，他们开始自我实现，他们知道如何拟定与提出想法。而当他们可以向你成功地提出建议时，你对他们的能力就会有信心。

他们过去有迹可循的记录会让你将任务分派出去——让他们的自由层级提升到第 4 级与第 5 级，他们就可以实现自我管理与自我领导，并恪守你所订立的指导原则。因为不必再花可支配时间来监督下属的行动，所以你胜利了。

在下面的章节，我们将会一一考察下属占用时间的原因，并寻求解决之道。

# MONKEY
# BUSINESS

第2章

ARE YOU CONTROLLING EVENTS
OR ARE EVENTS CONTROLLING YOU ?

你是猴子磁场吗?

　　每个人的可支配时间有限，通常管理者的可支配时间大多被下属占用，管理者用这些时间帮下属解决疑难问题，想出事情给他们做，这也是管理者的可支配时间少得可怜的原因。只有能控制下属占用自己时间的管理者，才能够增加自己的可支配时间，让自己能够处理需要优先办理的工作或私人事务。

　　如果管理者无法减少被下属占用的时间，就可能会成为大学研究课程里所描述的一个问题："为什么管理者没时间，下属没事做？"要回答这个大问题，我会把所有管理者在工作上所可能遭遇的事件描述清楚，并界定出猴子的情境定义。

# 情境 1　让我再想一下

假设现在是周一早上十点钟,你正穿过走廊要做一件自己可支配时间内的任务——一些你认为真正具有意义的事情。

我不知道你如何挪出个人的可支配时间,但管理的真谛正在于此,你能获得一个任你支配的任务,意味着你拥有很多管理者的特质:全公司很多人都知道你是个有创意、有点子、有想象力、有热情、创新能力强、领导能力强的人。这些特质都是你创造可支配时间的要素。

正当你沿着走廊走过去,走廊另一端迎面而来的是乔治。他是你的下属,当你们两个人在走廊上打照面时,他对你说:"早安,领导!对了,我们这里有些问题!"

这句话立刻让你停下脚步。大家都知道你不是个逃避问题的人,这也是你能够一路升到目前这个职位的原因。事实上，你的老板经常称赞你："你是解决问题的高手！"

所以，你就站在走廊上听着乔治当着你的面将问题的来龙去脉说了一遍。他说你听，一字不漏地听他说着目前遇到的危机。

你为什么要听他说？因为你曾经做过他的工作。因为你觉得解决他的问题自己比较行有余力。你对他的问题的熟悉程度远胜过对自己问题的了解；解决他的问题，让你可以从自己的问题中抽身出来放一天假。所以在这些诱惑下，你站在那里看看自己能否帮上他的忙。另外，你的态度非常悲天悯人——你觉得他至少偶尔有权利看着天才(你)如何解决问题，这是他工作上的"红利"。

他一边说着，你发现自己陷入混乱中，最后被卷入问题的旋涡里，你体会到原来这个问题有两个相同的特点，与先前另两名下属感激涕零找你帮忙的问题一模一样。

这件事你很了解，所以能很快进入状况；但未必能在当下做出别人所期待的决定。

仿佛才过了 5 分钟，你一看手表才发现，哎呀，已经过了 30 分钟。所以你对他说："等一下，乔治。现在已经过了 30 分钟，我正要到别的地方去，我已经迟到了。这个问题很重要，不过我们才触及皮毛而已。现在我们无法处理。我们一定得做出决定，但还需要做进一步的考虑。所以我会告诉你，我们该怎么做。我会重新想一遍，再告诉你我要怎么做。"

让我们检查整个事件的过程，了解一下究竟发生了什么事情。首先，你和乔治在走廊上不期而遇之前，谁的背上有猴子？显然，猴子是在乔治的背上。猴子不在你的背上，你甚至不知道那里有一只猴子。接着，30 分钟之后，你对他说："我会重新想一遍，再告诉你要怎么做。"他回答说："那样也好。"现在，当你离开公司时，谁有他背上的那只猴子？你。

## 找回下属占用的时间

可支配时间的首要敌人是下属占用的时间。下属占用你的时间，由猴子成功地从下属背上跳到你的背部那一秒钟开始，它不会轻易罢手，除非猴子回到它原来的饲养人身上，得到照顾与喂食。

接受这只猴子的同时，你也自甘成为下属的下属。你让乔治把你变成他的下属，因为你做了两件下属要帮主管做的事情：第一，你从他身上接下任务；第二，你答应给他进度报告。

还记得猴子定义中的第二部分吗？每只猴子都会有两边人马介入，一个是解决问题者，另一个就是监督者。

现在，猴子在哪里？在你的背上。你扮演什么角色？解决问题者。乔治扮演何种角色？监督者——这是唯一摊在桌上等他挑选的角色。

为了确定你没忘记这件事,他稍后会把头探进你的办公室,高兴地询问:"事情进行得怎样了,领导?"这些询问当然也可能这么问的:

> "时间过得可真快啊!"
> "你什么时候要解决这件事情?"
> "嘿!领导,你应该做出决定了吧?"
> "我们什么时候采取行动?"
> "我们什么时候做出决定?"
> "你什么时候才能定夺?"

## 逆向管理

这种监督形式是一种逆向的管理。管理逆向,犹如金字塔被倒转过来,由下属来监督管理者。

"事情进行得怎样了,领导?"是确定目前谁担任上级角色的技术用语。在上班时间,如果两名管理者在走廊碰上了,其中一人问道"事情进行得怎样了",那么你就知道问问题的这个人是上级。或许组织结构并未明文规定,却直接描绘了现状。

谁接受猴子，就定义而言，谁就是解决问题者。

为何执行长要将公司的组织流程图贴在办公室墙上？目的便是向员工解释公司的运营状况，让每个人知道他们究竟为谁工作。但组织流程图张贴出来，管理者却还兀自四处走动，并告诉下属说："我会重新想一遍，再告诉你我要怎么做。"这句无心之语无疑分配给了领导员工的角色，给予了下属监督者的角色。因此，我们会见到按时计酬的员工反过来监督上层管理者，这些人进而监督总经理，总经理则依样画葫芦地监督副总裁，副总裁监督总裁。在这种模式下，总裁背起了所有的猴子。这实在是荒谬至极！

整个组织已经被搞得上下颠倒，内外不分，混乱无比，与当初公布公司组织流程图所计划的运营方式南辕北辙。根据目前的情形，总裁应加入工会，而按时计酬的员工可能会进入董事会。如果让股东知道这种情形，他们一定会在年度股东大会里大闹说："这根本不是你们当初对我们解释的情形！"

这种交换猴子的状况不断在职位界限上蠢蠢欲动,完全违背组织流程图的宗旨。试想一下这种情形:一个人(总裁)怎么可以有 5 000 位顶头上司,而且帮每个人做事?

所以,**我们必须搞清楚,在进行下一个步骤时,谁该扮演员工的角色,谁该扮演上级的角色,并且严守个人的职责。**

## 情境 2 给我一份会议记录

与员工迈克的工作会议结束时,我给他的临别赠言是:"好,给我一份会议记录。"

请注意,猴子现在跑到下属的背上,因为下一个步骤是他要做的,这确实是一大改进,但还是要小心那只猴子。迈克尽责地写了份会议记录,并且发了电子邮件给我。我很快在电子信箱中看到了这份报告。现在,谁要采取行动?我。如果我不立刻采取行动，很快便会收到他的追踪通知 ( 另一种监督形式 )。

## 挫折下属

当迈克死命想知道我对他的会议记录有何反应时，我则采取逃避策略。他现在替我取了个外号，并且四下传播——"石沉大海者"。接着，他还会不时添油加醋地说："他从不看信的吗？至少应该礼貌性地回复一下。他说他想知道我们的想法！现在，我有一缸子赚钱的计划案在等。除非他给我一些指示，否则我就无法进行！"

我拖得愈久，迈克就愈沮丧，仿佛他只能在原地打转，而当下属占用的时间已经堆积如山时，我的罪恶感也更加深重。

我的逃避计划失败后，迈克终于前来找我，我发现他提出问题的技巧更加高明了。他坐在我的办公桌前面说："安肯，我们应该做个决定，不要再浪

费时间。我们现在已经有 9 个燃眉之急的项目等待
解决。没有你的首肯,我一个计划也动不了。你什
么时候会做决定呢?"我不应该问他:"你说的 9 个
项目到底是哪些?"他知道——就是编号 1、5、15、
18、24 云云。我甚至不知道他已经编好号码。我一
个星期以前拿到的会议记录都还没看完,更不用提
以后接踵而至的报告。这可不是我自找麻烦,既然
我是个不太专业的管理者,我想我有义务看看,而
这也是我的进度会落后的原因。

迈克当然不是会玩这种游戏的唯一人选。工作
时,我们的许多下属都会发出很多讯息与报告 ( 通过
电子邮件、语音信箱或是影印等 ),让当管理者的我
们被时间追着跑。

这不免让人想起往昔的美好时光,那种有人伸
出援手的日子! 你现在被缠住了,你的背上有许多
猴子和大猩猩。你把它们放进公文包,往返于办公
室与家里,期待有朝一日这些事情能够迎刃而解。

# 情境 3  让我知道可以帮上什么忙

我们再一次假设，现在我和另一位同事瓦莱丽开会，我答应我会对她拟定的那份公关提案尽可能给予所需的支援。我给她的临别赠言是："让我知道，我可以帮上什么忙。"

又来了，猴子原本在她的背上。究竟会在她背上待多久呢？瓦莱丽知道她无法知道，除非她的提案获得我的同意。根据她的经验，她也了解她的提案可能躺在我的公文包里好几个星期，直到我再度看到它。谁背上有这只猴子？谁在督导谁？原地打转和遭遇瓶颈的情节又再度出现了。

# MONKEY
# BUSINESS

第3章

ARE YOU CONTROLLING EVENTS
OR ARE EVENTS CONTROLLING YOU ?

## 猴子从哪里来？

管理者会在原本就忙碌异常的上班时间累积无数的猴子等待照顾，原因就出在他们一开始并不明了猴子是如何往上爬到他们的背上的。所以，让我们为你抽丝剥茧，分析出猴子如何向上爬，从何处开始往上爬，以及会有哪些副作用。

## 抓猴子的工具

你抓猴子时，会用到哪些工具？每个人都有他独特的抓猴子的工具。这些东西的形状、尺寸不一。许多管理者喜欢带着炫目的电子秘书到处跑，有的人偏好电子记事簿，有些人用笔记本电脑——任何可以装载记忆的东西。打开这些记事簿，你就会看到写着"待办事项"的几页笔记。这些事项由谁分派？

你自己。这也使得不同形式的时间与生活管理工具无异于抓猴子的工具。

## 埋伏地点

你会在什么地方找到猴子？某天你会从乔治那儿捡到几只猴子，你也会从其他下属的身上抓到几只猴子，因为你是个无可救药、患有喜欢扛责任强迫症的人。你不仅通过电话、电脑网络来抓猴子，在走廊上、楼梯间、电梯里、停车场、排队买自助餐的队伍中、洗手间、工作车间，你也会捕捉猴子——除了自己的办公室，你无处不在抓猴子。你也把猴子留在那些地方，甚至对它们一无所知，你成打地将猴子聚集起来。一天下来，你的台式电脑或笔记本电脑里便会猴子成群。

# 往上爬的猴子让你凡事拖延

每当你稍微离开座位一会儿再返回办公室时，

你会发现什么？你发现当你四处从下属身上抓猴子时，你的上司也没闲着。你的上司正不断孕育猴子。现在，他正准备生个双胞胎、三胞胎以及四胞胎的猴子。所以，在你的公文夹、信箱或是电子邮箱中，你会发现上司丢给你成群结队的猴子——一堆"来办公室找我！""这是什么？""请提交""继续"等留言。

现在，你有老板吩咐下来的工作要做，也有下属给你的工作要做，可是你却没有那么多的时间完成这两组任务。姑且不论其中牵涉到哪些利益。你的桌上可能摆着心上人的照片，你对位阶高下也很敏感。如果不去考虑其中所牵涉的利益，哪一组猴子必须优先处理？不用说，当然是老板的猴子优先，其他的事情稍后再说。无论老板的猴子有多么琐碎，它们还是先得到你的注意。

如果你还是大惑不解，不妨这么想：你对下属承诺的事情，若无法达成，那就是"延迟"。如果老板希望你做的事情，你没有做到，那可不是"延迟"——后果会严重许多，那是"不服从"。如果你是个事业心很强、小心谨慎的管理者，而且必须在"延迟"与"不服从"之间择其一，你会选择哪一项？你会选择"延迟"甚过"不服从"，这就是为什么往上攀升的猴子很容易被拖延。

**你将如何摆脱延迟？**很简单，抓起所有下属乐意交给你的猴子，如果你什么事情都没做，你的罪名是"延迟"；接着，把它们交给你的下属。如果他们不处理，就是"不服从"。

## 领导迷思

如果这就是专业管理者完成任务与让猴子不会饿死的方法，那么，为什么更多管理者没有经常使用这个简单的管理准则来处理下属的问题？

在现代的管理文献中，"不服从"这个字眼很奇怪地在层级关系的管理中缺位了。在以工时计酬的层级中，在军队中，我们会提到"不服从"；但在管理层次上，我们应该表现得很有礼貌。我们是共事者，我们是同事，强调地位差异显得太没品位。行为理论学家不喜欢这一套。但是如果你拒绝面对现实，那么你活该接受现实的惩罚。"不服从"是管理者与被管理者(上司与下属)关系中一个相当重要的因素：没有这套规则，你就失去了一个重要的依据。

## 两败俱伤

下属占用的时间是如何发展出来的？为什么猴子能不知不觉、隐而不见、无声无息地往上跳？为什么在管理者对它们一无所知时，便得到了这些猴子？原因就在于猴子开始往上爬时所用的方法。你走在走廊上，乔治对你说："嗨，领导！我们出现了一些问题。"你知道问题就出在"我们"这两个字上。

乔治很清楚自己在做什么。用"我们"来开头，轻而易举地让你进入这种思考模式，认为这是大家

共同的问题。换言之,他安排猴子一开始就踩着你
们两人的背往上爬——一脚踩在你的背上,另一脚则
在他的背上。乔治知道当大家把话讲完后,猴子只
要抬起脚,乔治便能轻巧地闪开,让你独自喂养猴
子。这就是迅速灵巧转移任务的方法。这也是"我们"
做下属的人所做的事情,而这也是全球企业让"我们"
弄得动弹不得的原因。

# MONKEY
# BUSINESS

第4章

ARE YOU CONTROLLING EVENTS
OR ARE EVENTS CONTROLLING YOU ?

## 谁是猴子的主人？

有两种方法可让你避免去背负别人的猴子。一种方式是训练猴子不要抬错脚；但更好的方法是，一开始便不要让它们把脚放在你的背上。

## "我们"没有问题

假设你有 4 个下属向你汇报工作，这是一个很优秀的小团队，而你就是团队的"教练"、"领导人"与"导师"。

在你们 5 个人当中，只有一个人有立场代表团队发言说："我们有问题。"这个人是谁？正是阁下——你。所以，当团队成员对你说"领导，我们有问题"时,此人就犯了越俎代庖的错误。你的下属没有资格替所有团队成员发言,说出"我们有问题"这样的话。

还有,当你的下属有问题找你时,他们大部分的目的不在于寻求解决方案,他们要的是一个能解决问题的人。

**下属向管理者报告时,唯一正确的发言方式就是说"我有问题",如果他说的是"我们有问题",那么他就是越俎代庖。**何以见得?因为他们不能替领导者发言。老板是团队之首,其他的人只是成员。除非这句话由领导者来说,否则这绝对不是"我们"的问题。在领导者说"我们有问题"之前,问题都属于员工。猴子的双脚都是稳稳地站在员工的背上,除非猴子下定决心要跳到别人身上。

因此,当团队成员有问题来找你时,首先应该弄清的问题是——问题是什么、谁有问题以及问题属于谁。如果他们认为问题是你的，那么谁要负举证责任？你抑或他们？举证责任永远由他们负责。如果他们不能证明问题是你的，那么，问题又该归谁所有？是他们。这是你不必扛下问题的原因，因为问题不是你制造出来的。**不要让指派造成问题的不二法门便是，不必凡事指派。**大多数管理者觉得分派任务很困难。何以如此？因为他们天天四处闲晃，无所事事；接着，他们把工作程序颠倒过来，将一只原本不属于自己的猴子从背上捉下来，企图放回原来主人（下属）的背上时，其痛苦犹如撕下粘在毛茸茸的腿上的胶布。千万别试着去体验这种痛苦！如果你没让猴子跳上来，你就不必把它捉回去。

我可以想象你现在脑海里正在想什么，而我也猜想得到明天一早会发生什么事情。有些下属能轻易地把你骗倒，你知道这些人是谁。你迫不及待地希望明天一早到办公室时，能给其中一个人机会，让他把猴子放到你背上，一如往常他们经常对你做的那样。

你在走廊上走着，遇见了大卫。你正等着他上钩，因为他以前做过往上委派任务这档子事。他对你说："嗨，领导！我们有问题。"

你立刻打断他的话说："大卫，你说什么？"他回答："领导，我们有问题。"

你继续说："大卫，我们从来没有过问题。事实上，我们现在也没有问题。如果我过去曾经处理过，那么我们将来可能再也不会有问题。当然，这不代表现在没有问题。否则你也不会提出来。你所提的问题都很重要，我也希望你能继续这么做。我很乐意花时间和你讨论这些问题。"

"现在，我们就在走廊上讲清楚，现在要解决的第一项要务便是，找出问题属于谁——你还是我。如果是你的问题，我会尽力协助你解决。如果问题属于我，那么我相信你也会竭尽所能帮我。但无论结果如何，下一个步骤还是你应该做的。"

现在，他开始纳闷，何必自讨没趣！

如果他事先知道你将会慷慨地让出自己的时间，而下一个步骤是他自己要做，那么他就可能会事先盘算不可避免的下一步究竟要怎么做。因此，他也不必多此一举，在走廊上把你拦下来。他现在正在做那个步骤——自由层级第3级，除非另有指示。

为什么下属会向我们提出问题？因为一旦他们认为，自己的上司容易上当——是个解决问题的高手，其态度便会趋于"让他自己选择"，于是撒手不管。这并不表示这些员工很恶劣，但他们确实喜欢让上司去背他们的猴子。

## 专业的猴子管理者

为了说明这一点，我将不断描述和乔治在走廊上所发生的情况。这一次，我会表现出专业管理者的架势。

我们两人在走廊上相遇时，猴子试着从乔治背上跑掉。但因为我自认是个专业管理者，我会立刻把那只小猴子抓回它原来应该待的地方。

乔治和我在走廊上碰面了，他跟我说："嗨，安肯！我们有问题。"我现在不要把"我们"变成一个议题；我待会儿再来处理这一点。所以，我们就在走廊上花了 30 分钟讨论这个议题。30 分钟之后，我说："乔治，我不知道时间过得这么快，但我有事要办。我们对这件事情只是略知一二罢了，还需要进一步的考虑。"

在此情况下，"进一步考虑"这只猴子还很模糊、很不具体！

"乔治，在公司里面，要对这件事情进一步考虑的人，我只能想出两个——你和我。现在，既然我是上司，你就要负责把事情做进一步的考虑。因此，下午四点半，到我办公室来一趟，提出可行的进一步想法，要仔细考虑我对提案的接受习惯。"

我把他放在了哪一个自由范围里？第 3 级——提出建议，根据和我谈话的内容提出行动方案。

现在猴子在哪里？在他的背上。谁扮演解决问题者？他。我扮演怎样的角色？监督者。

这就是为何下午两点钟左右，我会经过走廊——现在有时间，因为我不必背着下属的猴子——探头进他的办公室说："嗨，乔治！你的猴子现在处理得如何？"

请记住："事情进行得怎样？"这句话是为了弄清谁才是管理者而说的，以防他忘记。

现在是下午四点半，如果他没出现在我的办公室，我们称此情形为"不服从"。因为，要求下属提出一些成果，并非不合理。如果他四点半来到我的办公室，却毫无想法，我们也称此情况为"不服从"。因为，要求他提出想法，并非不合理。但如果在此阶段要求他有很好的想法，可能就不太合理。

他的桌上摆着心爱的老婆和 3 个可爱小孩的照片，他甘冒"不服从"罪名的概率有多大？几乎是零。但如果我告诉他："让我再想一遍，之后我再告诉你怎么办。"我身为管理者，能在下午四点半想出点子的概率有多大？几乎等于零。所以，我们现在对这个游戏已经渐入佳境。

**千万记住"猴子"的定义：两人谈话结束时的下一个步骤。**

所以，无论问题是什么，下属永远是承接下一个步骤的那一方。这一点相当重要，原因有二：第一，让下属自觉地说出"我有问题"，你自然就具备分派任务的能力；第二，如果他们说"我们有问题"，那么除非你先解决你所遇到的问题，把问题丢还给他们，否则你将无法分派任务。如果他们劈头便说："我有问题"，那么分派任务就变得更简单，只要顺其自然，保持现状即可。

# MONKEY
## BUSINESS

第5章

ARE YOU CONTROLLING EVENTS
OR ARE EVENTS CONTROLLING YOU ?

## 管理不当的猴子

当管理者让往上爬的猴子堆积如山时，管理不当的猴子便会危及你的职业生涯。

## 谁为谁工作？

假设我有 4 个下属，他们深知我对时间的要求，所以他们私下约定，每天从他们背上爬到我身上的猴子不要超过 3 只——无论是通过电话、传真、电子邮件，还是以亲身会面的方式。他们这么自制的表现，确实相当出人意料。不过，我们再来假设一下，每一周的开始之际，我是无事一身轻的状态，如果从他们背上跑到我背上的猴子有 3 只，那么一天下来，我就会有 12 只鬼吼鬼叫的猴子，每只猴子都会耗掉我一些时间。

**每一只猴子都意味着时间的消耗。**当你对下属
说"让我再想一想，之后我再告诉你怎么做"时，
你计算过，要花多少时间才能完成那个承诺吗？没
有。因为"再想一下"是个不具体、很主观的短语。
我们很少把"再想一下"当成是具体的下一个步骤，
或需要在限定时间内完成的任务。这也是我们何以
会轻易允诺的原因。

现在，我们假设解决一只猴子平均要花 30 分钟，
把下属的猴子扛到自己背上，那么，等于承诺了我
必须花 6 小时处理下属的问题。

## 关系恶劣

假设我是个完全业余的管理者，也就是整天被
上司打扰、被这种体制弄得饱受挫折的管理者，那么，
我可能一事无成。如果我想一展身手，就必须先找

到自己的靠山。这迫使我要一路上达顶峰，寻求我需要的支援，否则也可能因为接受下属的托付而就此累死。此外，我是个喜欢接受每天 12 只猴子的人。我过的是非人生活，即使是有着深仇大恨的敌人也不至将我弄到如此悲惨。再多的薪水也无法弥补我的精神创伤，因为我过着被老板死盯活缠、被制度弄得挫折满怀，还受到下属处处牵绊的日子。

每天 24 个小时根本不够让我处理这些事情。因为周一下午四点半，我桌上就有 12 只猴子，我决定自己做事时要有章法。我去买了一本大学教授写的《时间管理》。他告诉我，我要做的第一件事就是排定好优先次序。所以，我将这一打猴子按照优先次序排好，打算先处理的猴子放在最前面，如此一一排定。不过这件事情我也只完成一半，因为我还是不断被老板骚扰、被这种体制弄得挫败不已。我打算把猴子全部抓进猴子笼（公文包）里，回到家后继续在书房里对付它们。但是当我回到家时，太太站在门口迎接我。她说："威廉，你回家的时间正好，还来

得及穿戴一下。"我说："为什么要穿戴？"她说："你
又忘了吗？今天是我们的结婚纪念日。"我暗忖："改
天再来应付这些猴子吧！"

隔天（周二）一早，我又把这些猴子带到办公室，
重复过着被老板骚扰、被体制挫败以及从下属背上
接收 12 只猴子的日子。我试图把这 24 只猴子排好
新的优先次序，但是又被很多琐事打乱了。对于这
24 只猴子，我根本无从区分出第 5 号和第 6 号的不同，
或者 14 与 15 之间的次序有何差别。

幸运的是，在这本《时间管理》的第 2 章里，
教授早已预知此问题。他写道："当猴族浩繁时，你
可以一次捉个三四只长得相似的猴子，对着每只猴
子喃喃自语，让它们排排坐。接着，再捉另外的几只，
把它们放在另一排。如果你能持之以恒，就会有四排
或五排的猴子排排坐，接着，再排出一个优先次序（至
于编号已无多大意义）。"

但当我准备排定这些优先次序时，打从心底觉

得好笑，因为我已经和每只猴子（真正的工作）渐行渐远，但与主观事务分类的抽象意义却愈来愈近。这种经验或许对撰写企业管理类书籍的人弥足珍贵，但对于一个要完成任务的管理者来说则并不值得高兴。

所以，我又再一次将所有猴子丢进猴子笼里，把它们带回家，期待今晚可以如期完成这些工作。但这次在门口迎接我的是，一群在我人生中扮演不同角色时担任债权人的人，也就是我作为父亲、邻居、平民百姓等各种角色时与我产生对应关系的人。

我太太提醒我，7岁的女儿今晚六点半要接受幼年童子军徽章的颁奖。地方报社的摄影记者会报道这件事情，明早报纸会刊出，所以我不能缺席。

太太补充说明，教友们今晚要聚会，身为财务委员的我必须出席，解释为何主日学校① 大楼的加建工程不需再筹措资金。

---

① Sunday school，基督教教会在星期日对儿童进行宗教教育的学校。——编者注

还有，我一年前辅导成立的地区政治行动团体举办了"将窃贼赶出办公室"的活动，今晚也要聚会。身为起草成员和创办人，我也必须出席。

我必须对其他的角色略尽义务，当我完成最后一件工作时，即能成为永远的问题解决者。而这就是大家所说的极乐天堂。

那天晚上我颁发徽章给女儿。

接着，冲进教堂开会，我说："各位兄弟姐妹，今晚我没时间与你们共聚一堂，但我想简短地说几句话，我会与你们一起祷告，支持你们做出来的任何决定。如果需要帮忙，欢迎打电话给我。"

而结束之后，我又赶赴下一场聚会，把同样的话重复一遍。

接着，我赶赴一个又一个的聚会。

周四早上，我把 36 只猴子放在桌上，但我又一次被老板骚扰、被体制弄得焦头烂额——当天，从下属身上又捡了 12 只猴子，现在累计猴子已多达 48 只。

## 强迫搜集猴子的命运

但周五的情况不同于往常。到了星期五，总是在中午时分我便会收到这个星期应该收到的猴子，因为下属们喜欢把桌面整理干净，以便能尽快去欢度周末。

我坐在桌上，注意到公文包已经打开，所有的猴子全部跑了出来。我一共有 60 只猴子。桌面摆不下这些猴子，它们纷纷从桌子边缘掉下去。我看着它们在我的办公室地板上玩起捉迷藏。它们在墙壁上爬上爬下，挂在立灯的灯杆上。我试着把这些小怪物抓回来。每抓回三只，就跑掉两只。如果有人问我："安肯，你的猴子仓库在哪里？你现在有几只猴子？"我一定会回答："粗略估计大约有 20 只，最多不超过

30 只。"但即使我把这些猴子都抓齐了，我还是没有时间处理这些猴子。

我对着自己说："安肯，你一定要想办法解决这件事。不然你永远没办法做出决定；你永远没办法看完这些报告、传真、电子邮件和会议记录；你永远不会把这些事情做完。"

星期五下午两点半，我决定分析自己的问题出在哪里。我知道我需要一点隐私，但我的房门必须打开。熙来攘往的人群在我的办公室进出，犹如中央车站那么热闹，电话铃响不断，而传呼机一直处于呼叫状态。所以，我站起来，走向房门，一脚把门踢上，再从里面反锁，以求得片刻宁静。我取下传呼机的电池，把电话线扯掉，不过，我想我还是躲不过电话。当我坐回位置上打了内线告诉秘书："苏，我整个下午不想被任何人打扰。因此，任何人我都不想见，除了你知道的那几个人例外；我也不要跟任何人讲话，除了你知道的那几个人。"

谁是"你知道的那些人"？他们就是任何可以造就或打断我工作重要领域的人。

例如我的老板，还有公司里不必敲门就可以走进我办公室的人，或是任何想见到我的重要顾客或客户。

难道要秘书对客户说"抱歉，安肯先生现在没时间会客，他有要事在身"这样的话吗？这样以后还会有顾客上门吗？

假设，现在公司内部外部有 40 个人会影响到我，当然 4 个下属也在其中。紧闭的大门能阻挡谁？当然是我的下属罢了。然而，我若把 4 个下属算在 40 个重要人士中，关闭的门只能挡得住 10% 会威胁我的人，10% 根本就没有任何意义。这也是为何上班时间采取"门户紧闭策略"在管理上只是空中楼阁的幻想，因为它根本就行不通。

到了下午四点钟左右，苏打电话给我说："安肯先生，我想通知你，乔治、迈克、瓦莱丽和大卫坐在办公室外面，急着要在下班之前见到你。"

但当时我说："苏！你说他们已经在外面坐了两个小时？告诉我，他们这段时间都在做些什么事？"

她说："他们一直玩电脑游戏，并且现在还在玩。"

我暗忖道："为什么员工不会自动自发扛起责任？我不禁要崇拜起大师道格拉斯·麦格雷戈，他说过"员工会找事情做，还会自动自发"这句话。如果在他手下工作的是这批为我工作的人，坐在办公室外面，上班时间玩游戏，我想他也不会这么写了。如果这就是领导，上帝一定要帮帮所有的工作者，不然整个社会的价值观就要崩溃了。"

"我深受大萧条的影响。我懂得了钱的价值与辛苦工作的尊严。霍雷肖·阿尔杰 (Horatio Alger)、安德鲁·卡内基和亨利·福特都是我崇拜的偶像，而他们也是造就美国傲人成就的代表人物——绝不是那些帮我工作的家伙。"

　　但是，他们为什么会待在外面无所事事？中午刚过，就在午餐之后，他们回到自己的座位，一如往常的周五下午，他们开始计划如何欢度周末。当他们计划好之后，心思就跑到星期一，他们决定既然还剩下几个小时，干脆计划一下周一的工作与进度。但他们看看桌上，发现自己没东西可以整理。在过去几天或几周以来，他们把每个手上重要的案子都交给我。在没有重大任务可做的情况下，他们根本无法预先计划。这是为什么他们坐在我的办公室外面——他们是想把猴子要回来，而不是想开始工作。他们坐在外面只是为了玩游戏，扮演着监督者的角色！如果我还没有给他们反馈，相信他们就会纷纷说：

　　"嗨，领导！事情进行得怎样？"
　　"要做决定了吗？"
　　"我们已经浪费很多时间了。"
　　"你什么时候开始进行？"
　　"我们何时可以展开行动？"
　　"我们何时可以做出决定？"

当我把他们的猴子全部接收过来时，他们就成了我的监工。他们事实上是在"等待指示"。我的下属已经无法掌握自己的工作时间与内容，他们也不喜欢这样。

心理学家告诉我们，当你无事可做时，你会觉得很沮丧。他们说游戏就是治疗挫折的良药，所以游戏就是他们在上班时间用来避免无聊与发疯的良方。

同时，我现在早已克服内心的罪恶感，门户紧闭让员工满怀挫败感。我们就像 5 个在管理大海中载沉载浮的主管，正让大家一起互相拖下水。

如果我听得到他们在办公室外面的谈话内容，我一定会展开谋杀行动。瓦莱丽正指着我关闭的门说："那个人从来不会做出决定。我们可以尊称他'瓶颈安肯'。我真是不了解，为什么一个无法下决定的人，可以在公司里爬到那么高的位子。这又是一个劣币驱逐良币的例子。"我是公司工作认真、忠贞不贰的好员工，每天 24 小时尽心尽力不停地工作。他们在那里无所事事，竟然还批评我是个平庸分子。我们的社会真是要完蛋了。

本杰明·富兰克林的祖父曾经说过，如果你希望把朋友变成敌人，最快速、简单的方法就是受朋友恩惠。这也是他建议我们千万不要向朋友借钱的原因，如此，你才不会受他的恩惠。

我欠了下属很多，我没有针对他们的问题、建议和提议做出回应，所以我不配领这份薪水。这也是我将他们视为敌人的原因。

显然，我无法进行下一个步骤的原因是，我把时间放在应付老板与公司的要求上。为了完成这些任务，我需要可支配时间，但因为被这些猴子团团缠住，根本无法拥有个人的时间。我真是陷入无法自拔的恶性循环中。

一个人怎么可能忙于某事，却又搞得一事无成呢？如果身为主管的人会承诺以下事情：

> "我会想过一遍，再让你知道。"
> "我会找某某人谈谈，再回来告诉你。"
> "我看完你的报告之后，会给你答复。"

你想他实现诺言的概率会有多大？微乎其微。

如果主管要对一些人做出类似的承诺，而这些人又是唯一可以完成工作的人，这些承诺便要和来自于老板、制度与重要客户的猴子彼此竞争。没有任何一个主管能遵守这种承诺，无论他有多么强烈的意愿。

现在是下午五点，我的背上已经有这么多猴子，在挫折与工作量过重两相逼迫下，我已无法避开这个无所遁逃的摊牌时刻。今天，我一定要痛下决心。我只想得出两个方法，而这也是我这种业余管理者所能想出来的：(1)尽量找出时间；(2)提早退休（这一点我做不到）。

我又想起多年前公司派我参加一个著名企业管理顾问公司开设的"管理者如何解决问题"一日课程。顾问说："一般管理者在彻底分析与界定问题之前，便做出了解决方案。"他举出这种做法的严重后果。"在管理上，"他说，"99%的问题解答就在问题的分析与定义中。因此，你们若能花时间做足分析与定义的工作，办法即能不费吹灰之力展现在眼前。"既然现在我已无路可退，于是决定照本宣科，即使可能死得很难看。教授说："拿出纸和笔，如果你已经做过分析与定义，你就静静看着，答案会从纸上跃然而出。"

苦思冥想15分钟后，我想到的问题就是："进度落后。"现在，我就要告诉你，答案是何等简单与呼之欲出。一旦你把问题公式化，唯一可靠的解决方案就会出现："赶上进度。"

因此，我决定一定要赶上进度。可是，该怎么进行呢？我选择周末那两天到办公室加班——这是最明显的答案。

对于延误乔治的那些问题做出决定。接着，我便可以在周一早上把他叫进办公室，清楚地告诉他我的决定。于是他将笃定地离开办公室，动机十足地去做自己的工作。

看完迈克每一份进度报告，对于他所请示的事项一一给予明确的回应。我也会找他来办公室，清楚地给他指示，让他走出去时，能够焕然一新、斗志昂扬地做自己的事情。

对于瓦莱丽和大卫，我也会如法炮制。

现在已经是下午六点，该是回家的时间。可是我该怎么回家？当然是一如往常，走出办公室，走到大厅，下楼梯到停车场。但如果我这么走出去，就会在回家的途中遇到这些人。

如果我们再看看公文包里面这 60 只鬼叫嘶吼的

猴子，现在由谁担任上级监督的角色？他们。谁是
员工？我！当我走过去时，他们会说什么？

> "丢铜板吧！"
> "下决定吧！"
> "做一下决定吧。"
> "嗨，领导！事情进行得如何？"

为什么他们会这么说？因为他们将所有的任务
与下一个步骤丢给我之后，工作已经完全瘫痪了。但
因为我是个业余管理者，我并不了解这一点。我只
知道，如果我经历了他们的争相质问，只是看到他
们，我都会满怀愧疚。最严重的是，当我走过去时，
还会有半打的猴子跳到我的身上，而我却一无所知，
直到回到家里才恍然大悟。

难道要走过去，接受他们的争相询问？我像逃
犯般地从另一个出口走到停车场，跳进车子，开车
回家。

在开车回家途中，我又想到另一点。如果一开始我就不知道自己已经惹了一堆猴子跳到身上，又如何能知道该减少猴子的数目？

我的处境其实是旁观者清、当局者迷。我是个认真工作、忠心耿耿、无私奉献的公司员工，在"4个管理者"对我的万能监督下卖力工作，他们经常要求我对交办的事情负责。他们擅长于分配任务和追究到底(事情进行得怎样)。处境如此，而我却看不透。

想到如此惨状，随之而来的是一个失眠的夜晚。

隔天早上吃完早餐后，我提着猴子笼，不发一语地走向车库。我太太感觉到我将要干什么，便紧随在后，语带哭腔地说："威廉，这个周末又要像以前一样吗？"我两眼垂泪地说："亲爱的，你知道我这么做，都是为了你和孩子。"

就在我走向车子时，听到了小女儿问太太说："妈妈，如果爸爸不能在这个星期之内完成工作，他们会不会把他归到后进班——就像我在学校那样？"

我爬进车子，开车回到办公室。我的车子是周六早上停车场中唯一停放的一辆。我走进办公室，走进大厅走廊。回荡在无人大楼的脚步声，这时显得更加响亮。公文包在这个周末的早晨无比沉重。我尽职尽责地走进办公室，把公文包放在桌上，打开开关，研究着自己到底要做什么。

# MONKEY
# BUSINESS

第6章

ARE YOU CONTROLLING EVENTS
OR ARE EVENTS CONTROLLING YOU ?

## 成为专业驯猴师

在我埋首工作前，我抬起头来眺望窗外美景。看着对街的高尔夫球场，多希望自己此刻就在球场上。当我的目光停留在第一杆球洞时，你猜我看到了谁？乔治、迈克、瓦莱丽和大卫。

如果我可以展翅飞出窗外，飞到他们的头顶上，就可以听到他们的对话。他们指着停车场说："嘿！事情终于有进展了。安肯好像决定不再空占着职位不做事了。"这种口吻像极了管理者谈论起认真工作的下属，而这个下属终于决定好好工作，不辜负公司付给他的薪水。

他们为什么会有这种念头？因为他们学到的是传统的管理课程。他们认为上司的工作是计划、领导、组织、控制与协调别人的工作，他们深信，他们今天之所以落到这步田地，完全是因为上司（也就是我）未能善尽计划、领导、组织、控制与协调的工作。难怪当他们看到我终于开始加班工作时，会如此士气大振。

还记得多年前，我的第一份工作是在工厂当计时员工。有很多次到了周末上午，我和我的伙伴们还会到工厂加班赶进度。我们也知道上司正在球场上打球，但都觉得这种现象理所当然，这也是过去的奖赏制度能够行得通的原因。然而多年后，我还是待在办公室，待在高尔夫球场上的是新生代，我却无法问苍天："天啊，这些奖赏制度何时与我擦身而过？"

## 启示

就在拨云见日的刹那间，我清楚得犹如摩西在西奈山得到了天启：

> 他们不是在替我工作，是我在帮他们工作。

我终于领悟到，他们的挫折来自于把所有任务都交付给我；而我的罪恶感来自于，我从来无法赶上进度。

我的问题根植于某个古老的心理学原则，即伯尔赫斯·斯金纳① 所说的："任何你所鼓励的行为，都会受到强化。"

我突然体会到，如果我把原本计划在周末到办公室加班的事情做完，只会让事情变得更糟糕。

为什么？

如果我鼓励乔治把他的问题拿来给我，让我帮

---

① Burrhus Frederic Skinner（1904—1990）美国心理学家，新行为主义学习理论的创始人，操作性条件反射理论的奠基者。——编者注

他解决，他将来找我协助解决问题的频率与难度将会
有增无减。如果我鼓励迈克把每一周的进度传过来，
让我在阅读后准时给予正确的解答，将来，我从他
手上得到的进度报告，在长度与难度上也只会与日
俱增。

总之，如果我把任何来到面前的事情都处理掉，
我只能让事情的输入速度快过解决的速度。我只是一
个一天只有 24 小时的平凡人，但其他 4 个员工却不
断塞给我事情，他们现在的工作产能已经变得很低。
一个员工不可能替 4 名管理者工作，尤其在这些管
理者每天只把时间花在想出工作给唯一的员工处理
的情况下。

如果你是个认真工作的人，想要接受 4 个虚拟
的训练有素的主管下命令，你真是自掘坟墓。

你做得越多，人家给你的任
务就越多。

因为事情进行得太过顺利，我终于培养出一群下属，一群到哪里都会是最佳问题发现者的人。接着，如果我半路阵亡，公司将折损一名有解决问题能力的员工，而将部门交给一群只会提出问题的员工。但愿这种灾难是发生在对手公司里。

我现在得到一个启示，这将不可磨灭地永远铭刻在我的意识里：

> 我越是赶上进度，我落后得越严重。

以上论述只适用于管理工作，但不适用于技术性的工作。在技术性的职业与工作领域中，你愈能赶上进度，你就愈能赶上进度。这也是为什么当我们迈向管理阶层时，我们仍然继续认为"赶上进度"是解决问题的根本对策。因为当我们处于技术性工作层级时，这一套很管用。

例如，你若待在工程部门，而当绘图工作进度落后时，我会对你说："周末到办公室加班，就可以赶上进度。"没错！你可以办到。如果你在会计部门工作，报表没完成，我可以说："周末来加班，你就可以赶上进度。"你确实能够赶上进度。但如果你的管理工作进度落后，你愈赶得上进度，反而会更加遥遥落后。

请教一下，现在落后的是谁的工作？如果我把公文包拿到警察局犯罪实验室指纹检验科，请他们检验每张纸上最原始的指纹后，告诉我这是谁的工作，警方会告诉我是下属的工作。15 年来，我都不曾延误过工作！我根本没有时间展开自己的工作，因为时间都被下属的工作占据了。

## 可支配时间的优先次序

当我看出这一点后，我旋即明白，这个周末最恐怖的地方，即我再多待下去就会制造一场灾难的地方，就是我的办公室。所以，当时有个人正好看到我合上公文包，便飞快地尾随着我走过走廊。

周末值班的警卫人员问我说："安肯先生，你到底赶着要去哪里？"我说："闪开，别挡我的路！我不是要去什么地方才跑得这么快，我是要逃离这个地方，才会跑得这么快。"

我冲下楼梯，三步并作两步，跳上车子，漫无目的地在附近开着车子乱兜。过了十分钟后，我发现自己来到了郊区。我不知道自己到底在何处，不知道该往何处去，不知道这个周末要做什么。

我抬起头仰望天空说："亲爱的神啊，我不知道怎么运用时间，15 年来，我都没有自己的时间。我该怎么办？"

神说："做一些你可以掌握的事，做一些上帝让你在生活中要扮演的角色，这也是你每天早晨会起床的原因。这样，你就会有很多可以赶上进度的事情可做。"

我说："你见过我最近的绩效考核表吗？我还有机会吗？"

神说："是的，我今天早上看过。你还有机会，因为上面一片空白。"

受到这种评估的鼓励，我立马把车子掉头，开回家里去。在家人打发周末之前，我还来得及赶上他们。我十万火急地及时赶到，紧急刹车停在屋前，摇下车窗大喊："嘿，亲爱的！嗨，孩子们！准备好你们需要的东西，我们要去野餐。"他们不知道我说的是哪一种野餐。那是一种很特别的"野餐"——15 年来，我都没有时间去的野餐。他们困惑不解地进了车子。

我们一起往郡立游乐场出发，一整天都待在那里，荡秋千、打排球、玩跷跷板，玩各种游乐设施。

星期日早上，我和家人去教堂。我不记得上一次和家人去教堂是多久以前的事。那个下午，我们再度跑到游乐场，晚上，我很平静地上床睡觉。

## 从下属占用时间到可支配时间

我们稍微暂停一下这个故事，看看事情的来龙去脉。我的问题是：当我周末早上回到办公室，我原本打算花费两个整天——60只猴子×30分钟（每只猴子）＝30小时的工作时间。但这是属于哪一种时间：下属占用的时间还是可支配时间？当然是下属占用的时间。

现在，过了15分钟，在周末的加班时间里，我还是毫无计划，不知道自己进行到哪里，不知道自己该往何处去。我现在花的两个整天是属于哪一种时间：可支配时间。

短短15分钟之内，将两个整天（下属占用的时间）

改为自己支配的两个整天，是任何人类意志无法挽回
的举动。这需要神谕。在人类的意志下，我的意思是，
人类花了 15 年才彻悟到这个观念。

# MONKEY
## BUSINESS

第7章

ARE YOU CONTROLLING EVENTS
OR ARE EVENTS CONTROLLING YOU ?

## 让猴子跳回主人背上

星期日晚上，我睡了个好觉，足足睡饱了十小时。事实上，我睡得太沉了，结果那一夜我的太太两度以为我已经睡死了。她拿起电灯照着我的脸，想看清楚究竟是怎么回事，发现我的脸上洋溢着美丽有如天使般的笑容。

我到底在笑什么？我会告诉你，我到底在笑什么。对于要如何应付乔治、迈克、瓦莱丽和大卫这4个人，我胸有成竹，这也是我会面带笑容的原因。我从来不曾在星期天晚上上床时，脑海里对星期一早上的状况如此笃定。

# 锦囊妙计

明天，我准备好要运用下属占用的时间，将背上的任务转移到下属背上。在转移过程中，我将会获得同样多的可支配时间，有一部分的时间我会和下属一起看看，让他们学会这套困难却值得学习的管理艺术——照顾与喂食猴子。我现在第一次和他们共事而非帮他们做事。

我也将多出一些可支配的时间，好让我掌控老板与体制所占用的时间、时机与内容。

至于可以掌控的程度则由我自己、满足老板的技巧、对公司要求的服从程度来决定。成功与否也取决于老板、同事与下属对我的工作内容是否了解。否则，日后面对所有这些人时，还是会遭遇重重的困难。

我得到的奖赏将是获得额外的可支配时间，这一点可以使得我完成具有创意、原创性与策略性的规划，这些任务也是公司雇用我的目的。如果你没有可支配时间，就绝对无法展现出创意与创新能力；但你必须在得到可支配时间完成上述任务之前，先掌握好下属的状况——而那也要花时间。

周一早晨，睡了十个小时补充体力的好觉之后，我步履轻盈地下楼吃早餐，拿起我的猴子笼，穿过厨房大门走到停车场。我驱车前往公司，一直吹着口哨。

停好车子后，我走入办公大楼，心中期盼能碰到上个星期那些令我唯恐避之不及的人。当我走到办公室前，猜我看到了什么？熟悉的景象：4只乌鸦一如往常，一字排开坐在办公室外面，等着要问相同的问题：

> "我们要怎么解决预算超支的问题？"
> "删减成本的计划案要怎么进行？"
> "我们的进度落后了，再过几天怎么来得及拟出进度报告？"
> "安肯，我们跟大客户之间的问题要怎么处理？"

上个星期我对这些人唯恐避之不及，因为我觉得问题都出在我身上。

现在，当我走到这些人面前，才蓦然明白：对我而言，周六早上所发生的事情，显然是奇迹式的逆转，因为我现在的看法已经截然不同。一个人怎么能在短短两天之内由恨转爱？这一定是神谕使然。我为什么会爱上这些人呢？因为这是我有生以来第一次看到，他们每个人都还有潜在的空间再多养几只猴子。我想象自己背上的猴子全部被抓下来，被分派到 5 个背部，如此，猴群密度将减少 80%（每个人背上的猴子数量又名为“猴群密度”）。

我面无表情、喜怒不形于色地走过他们身边，但我是个烂演员。他们看到了我的眼神，透露出这是个令人愉悦的早晨的讯息。我的行为改变让他们无法平衡，所以当我跟他们擦身而过时，他们只是呆呆瞪着我，一脸不可置信的表情。我的秘书苏也注意到我的行为还有另一个变化——我没有关上办公室的门。我尚未吭声，然而，办公室里的每个人都感受到领导风格将有重大变化的气氛。

# 物归原主

我将他们一一叫进办公室。每次面谈的目的都是要抓出一只猴子，将它放在我们两人之间的桌上，一起想办法让他们负责下一个步骤。

有些猴子确实耗费周章。下个步骤可能很虚无，所以我可能会决定至少当下让猴子在乔治的背上睡一夜。明天早上再指定碰面的时间，要乔治回到办公室继续考虑他的下一步要怎么走。

现在，可以确定的事情就是，这只猴子可能会变成我的，我们说："每只猴子都有它的归宿。"毋庸置疑，它可能就会变成我的猴子。倘若如此，举证责任归谁？当然是乔治。当他向我证明猴子是我的时，猴子应该要在谁的背上？还是他的背上。这时，我必须表现出理性、研究的姿态，抓起这只猴子放回它的主人背上。不过，要我弃权来捡起这只猴子，那真是有鬼。如果是猴子乱蹿而跳到我背上，后来证实猴子应该是乔治的，我以亲身经历跟你打包票，将猴子从自己的背上抓下来再放回原饲养人身上的过程，真是苦不堪言。所以，与其要经历这种痛苦，在决定猴子属于谁之前，根本就不要让猴子跳到你的背上。如果这是下属的猴子，那么，猴子就是他们的下一个步骤。

如果我把猴子揽在自己身上，它们即成为只有我才能下决定的责任，我应该如何处置它们？如果我们的档案系统相似，那么我的档案系统根本没有空间处理稀奇古怪、一次性的事情这类特定的猴子。如果我悬而未决，最后就可能弄丢这些猴子。但如果我要求下属监督它们，然后他们找不到这只猴子，他们就犯了"不服从"的过失。因此，**不要弄丢东西的不二法则，便是不要归档——把猴子交给下属去归档**。接着，如果他们找不到这只猴子，他们的职业生涯将出现问题。如果你很聪明，那么，你的办公室将会空无一物(它们会在壕沟中跟部队待在一起)。

想象一下，假如我的下属提出一项议题企图引起我的注意，很明显地，下一个步骤就会成为我的事情。我可以对他说："我猜，现在猴子是我的，只有我能够处理。没有人授权给你处理这件事。但是从我办公桌公文的堆积如山可以想见，未来的 24 小时之内，我都没有时间处理。所以，乔治，猴子在往后的 24 小时之中，需要栖身过夜。我认为在它跑到我的背上之前，还是先在你的背上安稳地睡一觉吧。所以，照顾一下这只小东西，明天回来我的办公室。从现在起，你要负责喂养这只猴子 24 个小时。"

他背着这只猴子走出办公室，但是他一件事也不会做，对吧？当然不会！它是我的下一个步骤，但我绝对不要走到这一步，与其放在我的公文包一事无成，不如把猴子放在他那里。

他隔天回来说："你的猴子还你。"我说："它现在的情况如何？"他说："和我昨天带走时一样。"我说："好吧，你看看我的桌子就知道，再过 24 小时我也没时间处理这只猴子。请再帮我照顾一天，明天向我报告情况。"他走出办公室，隔天如约前来。我说："它现在的情况怎样？""没变。"我们持续套招。如此过了 35 个回合，依然一事无成。请别忘了，虽然毫无进展，猴子也不在我的身上。

如果我把它揽在身上，现在的进展将会如何？依然摆在我的待办事项档案中瞪着我看，让我越来越有罪恶感。就这样，经过 35 天之后，乔治再也无法忍受这种情形。于是他对我说："嘿，安肯，这个游戏还要持续多久？我一定要摆脱掉这只猴子。它就像苍蝇一般黏在我身上。我要怎样做才能摆脱它？"我说："我不知道，乔治，你想如何摆脱这只猴子？"如果我之前将那只猴子交给乔治，让他归档，那么，他现在就不必伤脑筋。这件事情仿如来回旅游，回程时又找上他。我说："我不知道你要怎样摆脱它，除了有一种方法。那就是你想办法解决。我知道这对你是个全新的经验，但千万别犹豫不决。"

如今，我们已经让苦乐参半的原则奏效了！在他面前，有两个不怎么愉快的行动方案：一是继续在这个游戏中无止境地轮回，这样将会异常痛苦；另一个方案便是想出办法，这一点也很痛苦。你认为他会觉得哪一种选择比较不痛苦？对，想办法解决。他可以到处走走，听取别人的意见，发现我原来不是公司里唯一的资源，于是尝试看看这些意见，在别人身上尝试一下，终于想出一个令我惊讶的办法。

乔治抓起了这只猴子，返身离开我的办公室。在他离去之际，我看到一幕自己多年不曾见过的情景——乔治的背上驮着一只猴子，那只猴子四平八稳地趴在他的肩膀上。所以，从现在到约定好的喂食猴子时间，是我在等他，而不是他等着我。

那天下午，我好几次走过他的办公室，探头问他："嗨，乔治，现在事情进行得怎样？"

我告诉你，没有任何事情比这件事还棒！当然，在他交给我答案之前，我可以在走廊上通行无阻——我从未听到答案。我现在一点儿也不需要去烦恼答案。在喂食猴子的时间，自然就会知道答案。现在，我只需要不时地抓住机会询问问题——我的全新经验。这就是所谓的"管理者的工作治疗"。

## 训练你的下属

现在猴子在谁的身上？乔治。谁有任务在身？乔治。谁要控制工作进度与内容？乔治。但是谁有较多的时间？哈，在下。

这就是专业管理者训练下属的方法。但距离乔治成为他想担任的真正独当一面的管理者，他还有一段很长的路要走。但整个旅程即使路途遥远，也要踏出第一步、下一步，以及采取相关措施和进行猴子管理才行。

如果对乔治而言，猴子管理是一种全新的经验，那么，他可能已开始显现出紧张的症状。他可能会紧张抽搐、胃胀气、头痛欲裂。他相信自己需要有人帮他喂食猴子，也会来找我(他的上司)帮这个忙。**通常，当下属向上司求救时，他所寻找的不是一个解决方案，而是一个解决问题者。**

所以，我对乔治说："我希望自己尽可能帮你的忙。协助你是我的职责，我也有时间帮你。但是为了协助你，我们必须先达成共识。第一点，先了解情况；第二点，确定基本规则为何。当我们能够达成共识之后，我就可以帮得上忙。首先，就是要了解情况。告诉我，乔治，这是你的问题还是我的问题？"

乔治回答说："安肯，就我记忆所及，我们把它界定为我的问题吧！"

我说："好，接下来就是基本规则。"

"因为一旦你的问题变成我的问题，那么，你再

也没有问题可言，而我也无法帮一个没问题的人去
解决问题，但我很想帮助你。"

"所以，会议结束时，问题怎么来，就怎么去——
在你的背上。"这是基本物理原则的描述：当输出等
于输入时，就没有东西剩下。

> 任何时候，在我帮你解决你
> 的问题时，你的问题绝不能变成
> 我的问题。

"在任何约定好的时间里，你可以要求我帮忙，
而我们也可以共同决定，下一个步骤是什么，以及
我们两人哪一个要执行。"

"当下一步骤变成是我来执行时，当然这种情况
很少，你我两人必须共同决定，而不是我独自去做
下一步。乔治，你接受这个基本规则吗？"

他说："好。"

我说："还有，你何时会展开下一个步骤？"

他说："嗯，我下午会找会计部门谈谈。"

"你何时要回我办公室，告诉我你的决定？"

他说："明天早上九点。"他站起来，走出我的办公室。猴子在他的背上，我把时间写在工作日程上。往后的 24 小时，我只要等着他就好，他再也不必等我。

我很确定你知道为何我将面谈时间写在工作日程上。这不是为了恐吓，只是要他知道明天约定的确切时间，如果过了这个时间，他没有出现，或是两手空空地出现，那么，他就是一个不服从的下属。我必须重申一遍，要求下属出现，要求他在会议上有工作成果报告，这是相当合理的要求。

**先安排讨论时间是为了减少延误的可能性。**何以如此？因为下属会重视你要检查的东西，而不是你期待的每件事。如果没有约定好喂食猴子的时间表，就可能会发生延迟的情况。没有约定，就不可能有迟到的情况，如果不可能迟到（紧接着是处罚），行动的压力也会随之减弱。为了每个参与的人着想，安排好讨论时间是很有必要的做法。这样将有助于我们维持猴子的健康状态。

## 健康的心理

我现在的感觉就像第一次帮病人成功拔下牙齿的年轻牙医，大喊："下一位！"我很快地连续召见了其他几位下属。早上十点半，我已经将所有的猴子都放回它们原来的位置。

> 我摇身一变成为一个专业管理者：我再也不必背着下属的猴子。办公室外面的四张椅子已经空空如也。我不会耽误下属，我再也不是他们遭受挫折的来源，而且，我的心里不再有罪恶感。

**任何降低组织里挫折感与罪恶感的事情，都是让员工迈向心理健康的坦途。**这确实是一大创举，但不意味着他们会高兴。他们只是心理会比较健康而已。

现在，就在走廊的另一头，他们认定了一个事实——他们的工作量负荷过重。当然，他们的工作量并未太重。然而，因为每件事情都是相对的，相较于之前他们无所事事的状态，稍微做些事情就成了工作过重。他们现在帮我取了各种外号："混日子安肯"、"条子安肯"、"推卸工作的安肯"……他们个个同病相怜，突然之间我成了一个集权、暴戾、独裁的暴君。

即使他们可能觉得自己工作过量，但实情究竟如何？他们把挫折转换成工作过量的不满情绪。但什么事情才会真正让人完蛋？工作过量还是挫折满怀？工作过量从来不会要你的命，挫折才会真正要人命。你绝不可能用工作过量来害死一个人。如果你要害人，最快的方法就是捉走他们的猴子，把猴子统统锁在你的保险箱里。千万不要让他们碰到这些猴子，只要三个月，猴子就会爬满整面墙壁，挫折就会真正闹出人命。

现在是上午 11 点半，我办公室外面的椅子空荡荡的。虽然我们必须要忍受许多抱怨与牢骚，但我们正迈向更健康的心理状态。这是很正常的，也是可预期的。

## 任务转移

"背上的猴子"这个比喻，重点在于将任务从主管背上转移到下属的背上，并让它们乖乖待在那里。但在主管可以帮下属找到任务之前，他们应该先明白，任务在下属身上。一旦主管扛起任务，下属就没有任务在身，而主管也就只能和自己的可支配时间道别。这时，所有的时间会转换成下属占用的时间。

管理者与下属不可能同时有效执行同一件任务。"领导，我们有问题。"始作俑者暗示这个责任已经存在，并用我们之前所描述的方法，提出脚踩两个人背部的猴子，这是让猴子展开生涯最糟糕的方法。

如果那就是下属占用时间与可支配时间的主要差异，那么，获得你需要的一点点可支配时间，应该是一件相当容易的事情。**你应该做的事情就是让猴子留在它应该停留的地方——下属的背上。**

# MONKEY
# BUSINESS

第8章

ARE YOU CONTROLLING EVENTS
OR ARE EVENTS CONTROLLING YOU ?

## 快乐无比的猴子

"安肯自由量表"说明了相对于老板，下属可运用的 5 个任务层级：

（5）独立行动，例行性报告（最高层级）。

（4）行动，但需立即请示（意味着报告频率超过例行程度）。

（3）提出建议，按照裁断的结果行动。

（2）请示要做什么。

（1）等待指示（最低层级）。

## 管理者的目标

显然，任何人都应该做到够专业，才不会执行第 1 与第 2 层级的任务，也没有主管会允许这样的下属执行这些任务。运用第 1 层级的人根本掌控不了工作进度与内容，因此也没有权利抱怨人家叫他们做什么或何时叫他们做事。至于实施第 2 层级的人可以稍微掌握进度，却一点儿也无法掌握内容。第 3、4、5 层级让工作者可以掌控进度与内容，而最有控制权的则是第 5 层级。

如果我们请教已故的马斯洛博士——提出人性需求层级理论的著名企业管理顾问，"安肯自由量表"中哪一个层级最可能达成自我实现的境界，我确信他会告诉我们："越往上越有可能。"

然而，15 年来我的下属都执行第 1 与第 2 层级的任务——与他们的自我实现和公司利益背道而驰。为何如此？因为我鼓励这种行为，正如斯金纳曾经说的，"任何你所鼓励的行为，都会受到强化。"

在组织中，我们需要的是能够独当一面，而非事事依赖上司的员工。员工应该能够自动自发，采取必要的行动完成任务。"行动"一词只出现在自由层级第3级以上。身为主管，肩负着两大目标：

（1）借由直接报告，禁止采用第1与第2自由层级，让下属毫无选择机会，这样却能培养出他拟定与推销想法和建议的技巧。

（2）保证每件任务（猴子）都在下属的背上，当他离开办公室时，主管与下属双方对于自由程度与下次会面的时间、地点要达成共识。后者尤其要牢记约定时间，以确定猴子不至于饿死（成为延迟的受害者）。

那么，专业的管理者如何在不影响整体组织的情况下，禁止下属从事第1与第2层级的任务？

## 禁止第1层级

你要如何让员工改掉"等你指示他们做些什么"的习惯？

首要工具便是"工作内容报告"。当然，许多人对工作内容报告很在意，因为他们过去对这种报告有过不愉快的经历。但是，刮胡刀也曾让很多人感到兴味索然，因为人类与刮胡刀之间也有过不愉快的经历。

工作内容报告的真正目的在于写出每个人在未被授权、无所事事时，所必须完成的任务与责任。工作内容报告一般只会列举一些空泛、普通的任务、责任、角色与功能。如果管理者对这些内容不置可否，便是逾越了他们的授权，因为他们没有权利对报告不置可否。决定无所事事就跟决定做某件事一样重要。如果他们没有权利做出这种决定，他们别无选择必须要做事。

例如，迈克是我的下属，我们看了一遍他的工作内容报告，以确定这些是他目前该进行的工作。我询问他第一项工作，他做了什么，他必须答复。至于第二项情况如何，他也答复我。到第三项工作时，我问："你进展的成果如何，迈克？"

他说："我已经在那上面花了很多时间。"

我说："我相信，迈克。不过，你是否可以在时间的洪流中留下一些足迹，好让我知道最近的状况？千万不要误会我的意思，迈克。我不是要考核你的绩效，我只是要搞清楚状况罢了！"

你知道有多少管理者在绩效还未产生之前，便想进行考核的工作吗？除非老板可以看到绩效，否则根本没有绩效产生。

## 禁止第 2 层级

你曾经帮助员工改掉"请示你该做什么"的习惯吗？

如果下属请示你，在他们的工作任务中哪些特定领域该做些什么事，就逻辑推论来看，他们目前正无所事事。在应该做事时却无事可做，就定义而言，便是所谓的"不服从"。我们一再希望员工能自动自发，采取必要的行动以完成任务。"行动"一词只出现在自由层级第 3 层级以上。

我建议为了减少对立情况，列在工作内容上的每一项任务，你都要告知下属他在执行过程中拥有哪种层级的自由。每一项工作任务都要标示 3、4、5。至于用什么来决定自由层级？你在乎的程度就是唯一决定自由层级的依据——对此项议题的忧心程度，你对下属能成功完成任务的信心水准。

当下属的工作内容除了 3、4、5 等几个数字而别无附注时，其中一人又会跑来找你说："领导，你希望我做什么？"你可以笑着说："这是有关你的工作内容中，你想问我的问题吗？""是啊，"你的下属这么回答着，"想想看吧，这是我的第 9 项工作内容。"于是你要求他们下次再找你时，至少要想出一个可行的建议案，将你的接受习惯也考虑在内。

经常有人问我："威廉，你如何让员工自动自发？"我回答道："除去他们其他的替代方案。"

## 力争上游的员工

如果你期待员工在一个互补的团队中，能够独当一面，千万不要帮他们做他们分内的事。当下属前来向你寻求协助时，通常他们要的不是协助——他希望的是杀人武器上印有你的指纹。任何一位来复枪教练都会告诉你，如果你要培养出一支必胜队伍，你必须尽可能协助团队成员，但是你的手千万要远离他们的扳机。如果你帮他们扣扳机，那么，谁的打靶技术会日益精进——你？还是他们？进步的人当然是你。而人家花钱，究竟想改进谁的打靶技术？当然是他们自己。所以，尽可能协助他们，但你的手一定要远离他们的武器。他们将来最终会明白，协助不是一如表面上所称颂的那样。接着，当他们遇到问题时，才会明了他们可以将时间有效地用在找出对策上，而非将宝贵时间浪费在你的办公室里面，试图与一个比自己还笨的人共商对策。

自由层级第 4 层级与第 5 层级是争取来的特权——它们不是与生俱来的天然权利。这种特权获自于你能向上司成功地推销自己的想法和建议而慢慢累积的名声。这种名声也只有在第 3 级自由量表中才能培养出来。

假设，你的下属正处于第 3 级的自由层级。当他的工作出现问题时，跑来找你说："老板，现在有问题。要处理这些问题，有 3 个可能的对策。"接着他向你描述："对策 1、2、3。"他告诉你："这是第 1 个对策的利弊，这是第 2 个对策的利弊，这是第 3 个对策的利弊。如果我采取第 3 个对策，我相信，你对这个方案的接受度最高。"他到底想做什么？他正尝试着让你接受他的提议，对吧？他要你支持他所提出的建议。这让他扮演怎样的角色？推销员。我们希望他的产品很棒，但光有很棒的建议案仍嫌不足——只是做对了还不够，建议应得到更高层的接受与支持才行。除非管理高层支持你，否则你无法完成任何事情。

　　除非有人购买，否则这世上的产品或服务有何价值？一文不值。在自由经济中，市场的功能便是决定产品的价值。产品并不因此而具有真正的价值，或是管理思潮也未必具有真正的价值。所以当管理者对我说："安肯，我有一堆很棒的点子，不过，你觉得坐在办公室前排的那些笨蛋，能一眼看出那是个好点子吗？当然没办法。他们只是退缩、目光如豆，困在传统的想法中。"我想请教你，他的点子又有什么价值？没有。"让顾客当盛宴的裁判，而不是厨师自己决定。"如果他能成功地把点子推销出去，那么，他就是针对你们的谈话来采取行动，而他也会针对情势，采用推销的技巧。

## 协助下属完成工作

　　炉火纯青的推销技巧潜藏在"协助下属完成工

作"的概念中，亦即不要让上级来干预，除非下属做好了准备，关键的决定时刻已经到来。

当然，最理想的状况是，所有的工作都可以形诸文字，好让上司只看报告即可表示同意与否，但我们并未将情绪因素列入考虑之中。协助下属完成工作应该包括足够的对话，这样主管也会感觉放心。现在，主管对下属能力、人品已有十足的信心，并且尊重他的特质以及他提出的很棒的建议。明确了这些以后，下属才能获得行动许可。

我的父亲在家里便对我们实施这套训练原则。我还记得高中时，遇到一些三角函数的数学问题。我向母亲讨救兵，她曾在暑期课程中教授代数，她应该能给予我想要的帮助。我跑去问母亲说："妈妈，你怎么解这道数学题？"她说："我做给你看。"于是她就帮我解决这个问题。我又接着说："那么，那道题目要怎么解？"她说："我做给你看。"结果，她一共解了10道数学题目。我拿着她的"解题示范"，自己再照抄一遍，拿回学校交差，得了 100 分。我回到家对父亲说："爸爸，我的作业得了 100 分。"他说："不是你，是你的妈妈拿了 100 分。"当时，我并不了解他话中的含义，因为我认为，自己是在母亲的协助下拿了 100 分。终于，母亲受不了我每天的这种苦苦哀求，她说："你父亲教了 4 年的高阶数学。这个问题他知道得比我多。去找他帮你吧！"

当我找父亲帮忙时，他对我说："安肯，我很高兴可以帮你，但我已经忘了答题技巧。不过，我知道如何问问题，所以，你应该帮我补足这个缺陷。我只会问，我不会答。所以，我们的分工方式是：我问，你答。现在，我可以帮你什么忙？"

我说："你要怎么解这道题目？"

父亲回答我："等一下，我负责问问题。你若认真解这道题目，什么时候可以完成？"

我回答说："嗯，半个小时好吗？"

父亲说："可以。"

过了半小时，我又回头找父亲，给他看我解出来的答案。父亲想了一下："那样会无解。那样是错的。"

我说："哪里不对？"

他说："那部分要靠你自己去找。"

我又回来找父亲。父亲看着答案说："又错了。"我已经知道结果如何，所以没问他哪里做错，因为他只会提出问题，我又得回答。如此来来回回大约 9 次，我把答案拿给父亲看。这次我做对了，但我花了一个半小时。下一题我又花了一个小时，到了半夜，10 道题的作业，我才做好 3 道题。于是，我又跑去找母亲帮忙："妈妈，帮我解决这些数学题目。"

她说："我告诉过你，去找你爸爸。他知道得比我多。"

我说：“我知道他厉害，可是我不想学那么多。”

同样的事情也发生在我的下属身上，这也是当我要让他们完成自由量表时，他们会如此紧张的原因。**教练的目的在于培养下属自力更生的能力，而自力更生是每个人经过自制、耐性与坚持，才能获得的后天特质。**

# MONKEY
# BUSINESS

第9章

ARE YOU CONTROLLING EVENTS
OR ARE EVENTS CONTROLLING YOU ?

## 喂养猴子的 6 大规则

一旦你将猴子交付给某人，你们两人就必须确定他在处理猴子上享有多少的自由权限，以免让下属以为你对这些猴子深感兴趣。为了猴子的健康着想，你仍需进一步实施预防对策。划分清楚照顾猴子的责任，给予下属明确的行动自由，足以让猴子存活下来，却不足以让猴子茁壮成长。

据此，我将仔细描述具体的行动规则，我称之为"喂养猴子的6大规则"。喂食猴子的时间，只是当你问某人某只猴子"现在怎样了"以及对方回答你、展开对话的时间。或许在猴子的一生中，你可以问上好几遍，这取决于你有多迫切。对小猴子（一项任务）而言，喂食时间可能只要几分钟，但是要喂

养一只大猩猩 ( 项目 ) 可能就要几个小时。无论是猴子还是猩猩，喂食的规则不分轩轾；但是，项目需要更多次的对话，因为它们比较复杂。

> 规则 1：要么喂养它们，要么射杀它们，千万不要让它们被活活饿死。
>
> 规则 2：只要你找到需要喂养的猴子，你的下属就要找出时间喂食它们，但千万不要过量。

## 规则 1　确保你的猴子不会被活活饿死

我可以用一个发生在我朋友杰克身上的故事来描述前两项规则。

我认识杰克时，他正在芝加哥工作，担任一家拥有 2 500 名员工的公司执行副总裁。他受聘于该公司，两年之内要将公司整顿好。换言之，他是一个"裁员"计划的实施者，一个"职业杀手"。

初识杰克时，他的两年任期已经过去了一半。他邀请我担任公司的顾问，每个月初的前三天到他的公司做些研究，写写报告，月复一月地重复这些过程。

## 管理高层的叛变

有一次，我出现在公司，杰克已在大厅等我。他示意我到他的办公室去，关上房门之后，他语气迫切地向我提出一个问题，要我帮他解决。他说："威廉，我和鲍伯之间出现了严重的问题。"

鲍伯是公司的副总裁，负责研发部门，35 岁，是个年轻有为的人，拥有麻省理工学院机械工程硕士学位，他在研发部门还有 6 名下属。

"打从我到这里来的第一年，鲍伯和我就不和。这对我造成相当大的困扰，尤其鲍伯不是孤军奋战的人。他是个深具领袖魅力的人，其他的副总裁也都听从他的领导。而我只能对高层管理发挥影响力，我们必须解决这件事。我知道唯一的方法就是让鲍伯与我言归于好，如此一来，其他的副总裁也会跟着他归顺。"

"你希望我做什么？"我问他。

"我从你的日程知道，"杰克说，"你今天中午要跟鲍伯一起用餐。你可以在用餐时打听一下他心里到底想些什么，然后再回来告诉我吗？"

我不是心理医生，而且我也不该接受这个任务，但我却答应了。

那天稍后，鲍伯和我一起用餐，我告诉他杰克很关心的问题。当我说完后，鲍伯沉默不语好一阵子。他接着说："杰克说得没错。我过去一直跟他合不来，至于未来，我看也没有任何理由要跟他合作。"

"天啊！"我说，"你倒是坦白得很大胆，究竟是怎么回事？"

"安肯，杰克把什么事情都揽在自己身上。你知道杰克是个聪明绝顶的人。他的智商高达160，16岁拿到学士学位，18岁念完企业管理硕士，来到芝加哥工作，从此在公司平步青云。因为他有一个聪明绝顶的脑袋，也是一个很有创意的人，他所做的事情让我和我的下属分心，不知所措。"

"他会每天提早半小时进办公室，钻进电子邮件信箱，把昨天所有的销售与运营报告消化掉。他的头脑犹如电脑，很快地将数字记在脑海中。接着就在公司里找出一大群猩猩。他会在走廊上，一看到乔，就对乔说：'你何时有空，能否解决一下第三栋大楼的安全问题。'"

"然后杰克又走进另一间办公室，看到亨利又对他说：'我们需要削减经常性费用。人事部门昨天才告诉我说，下个月有4个工会的机械师要退休，所以我们应该可以用退休的办法来裁减支出，而不要把员工调来调去。如果你有时间，看看哪个方法最有效。'"

"杰克继续想出许多点子，在公司内到处走动，把点子分配给甲，另一个点子又分配给乙。每个被分配到工作的人都说：'杰克，我正在进行。我正在进行，别担心，我会处理。'事情就是这样！"

"那你的情况如何，鲍伯？"我说，"杰克也会把他的想法丢给你吗？"

"他当然会。我可是很认真地看待这些事情的，不过杰克应该不会相信。我每周随时随地会从杰克手上接过 7 项任务。每个星期五晚上我一坐下来，就把这 7 项工作加到电脑表单上——这张表单共有 28 个工作项目。每次到了星期五要下班时，我就把这星期从他手上接过来的 7 项任务加到这张表单的最上面，然后把最底下的 7 项任务删掉，以便让这张表单不会超过 28 个工作项目，因为 28 项工作是一个人所能负荷的最大程度。"

"到了下星期，我又从他手上接到 7 项工作，再把这 7 项放到表单的最上层，把底下的 7 项工作删掉，以免这张表单超过 28 项工作。这表示每过 4 个星期，整张表单就会更新一遍。所以当我要着手进行其中一项工作时，也就是表单上的最上面的工作，你猜发生了什么事？在我要开始动手之前，这件可恶的事情已经不在这一页，也不在最底下，而是在资源回收桶里面。这就是事情的经过，这也是我跟杰克合不来的原因。"

我惊讶无语地瞪着鲍伯。最后，我终于开口："你为什么不干脆拿一支铅笔，闭上眼睛，随便往这张表格上一指。随机点一点，选个工作项目，便开始进行这项工作。即使它已经不在表单上，你还是可以继续完成，至少给他一点交代。"

"安肯，我很乐意这么做，"鲍伯说，"如果你把这张表格拿去给杰克，让他从头看一遍，先删掉他已经遗忘的项目，接着再看一遍，把他不关心的项目全部删掉。你再将这张表格拿还给我，我会很乐

意开始进行硕果仅存的那 3 项工作。3/28 大约等于
1/10。这意味着我不必做一些随机选中的项目，否则
恐怕十之八九只是白白浪费时间，我忙得没有时间
找出这种概率。"

我说："鲍伯，你把问题核心解释得很清楚。我
迫不及待想告诉杰克到底是怎么回事。"

## 启示与告解

中午过后，我回到杰克的办公室，他立刻问我：
"你和鲍伯吃过午餐了吗？"

"是的。"

"他告诉你问题是什么了吗？"

"是的，他说了，清楚无比。"

"那问题是什么？"

"在你听到问题之前，你需要喝杯酒。"所以，

我们走向角落的吧台。在杰克饮下两杯双份马丁尼之后，正好脑筋和心情都能接受我将告诉他的来龙去脉。

当我陈述完问题，杰克的反应令我相当惊讶。他涨红了脸，深感罪恶地引用博比·伯恩斯 (Bobby Burns) 的名言："愿上帝给予我们天赋，让我们能用别人的角度来看自己。"

"这样对待别人，"他说，"真是一种罪过。我一直都不知道我做出这种事……真是太恐怖了！"

当时我开始不安，因为我在扮演着一个倾听别人告解的角色，而这部分正好不是我的工作职责。所以，为了摆脱这种不安的情势，我绕到桌子另一端说："杰克，你要镇定一下。事情没有你想的那么糟糕。毕竟，你不是全世界最糟糕的业余管理者。全世界最外行的管理者是强制性的猴子接受者，而你不是如此。你只是第二糟糕的业余管理者。你是个多产的猴子分配者。你每天会丢出去 1 000 只猴子。"
我一时之间忘了杰克对猴子一无所知。

"安肯，我可能喝了几杯马丁尼，但这也不能解释我完全听不懂你所说的话。"

"我很抱歉"，我说，于是我简短地解释了"猴子"与"下一个步骤"等概念。

## 规则 2  不要让猴子过量

"杰克，我建议你不妨继续做你现在所做的事情。成千上万的管理者仍然学不会如何分派猴子，至少你擅长这项技术。所以，这一点你可以继续下去。不过，我想建议你多做一些事情。你知道吗？你的问题就是你并不了解，除非能定期喂食猴子，否则它们会饿死。你向我做的抱怨，就是因为无人喂养猴子造成尸横遍野的臭气。"

"你可以一如既往地继续分配猴子，但如果你和某人结束对话时，他最后说的是'我会进行，杰克'，请走到日程前面，打开它，说：'你何时可以到我的办公室，在 5 分钟之内回答这个简单的问题——事情进行得如何？'"

"当你们两人决定好时间，在你的日程上写下：'周四下午两点至两点零五分，喂食约翰·史密斯的第 9 只猴子。'杰克，你现在有了一份库存了。每只猴子都有它的库存编号。首先，第一部分是背上扛着这只猴子的饲养人的名字，第二部分就是序列号码。接着，每只猴子各就各位，你不会遗失任何一只猴子。因为有人喂食——每只猴子都有约定的喂食时间，所以它们也不会被饿死。杰克，你看事情就是这样。5 分钟喂食一只猴子，一个小时你可以喂食 12 只，一天内你就可以喂食 96 只猴子。没有猴子会死掉，而且不会有臭味。"

"这样是行不通的。"杰克说。

"为什么？"

"因为我每天丢给下属 100 万只猴子，我也没有时间听他们讲废话。"

哎，我真是垂头丧气，我输给他了。我们两人沉默地走出去。我搭了计程车直奔机场回家，同情我自己身为管理顾问的命运——必须对牛弹琴，而这只牛因不知建议的价值，将它们践踏在脚下。不仅如此，他们徒然浪费钱，买一些根本不会用的珍珠。

## 改革终于展开

不过一个月之后，我回去了。这次我跟另一个副总裁吃午餐，他并不知道我在上个月和杰克或鲍伯谈过话。

吃饭时他告诉我："安肯，就在你上个月回去后不久，发生了一件很奇怪的事情。杰克召开了一次副总裁全体特别会议，说：'各位，我在上任一年后召开这次会议，是因为我现在注意到，身为公司的执行副总裁，我一直试图做一些市立动物园园长从来没想过的事情。'"

"我们已经有这么多猴子，多到连自己都不知道确切数目，不知道它们在哪里，不知道要帮它们订购多少的饲料。我们有一个猴群遍布的动物园，因为没有定期喂食，许多猴子已经濒临死亡，整个地方发出异味。要知道动物园之所以发臭，并非因为尸体腐烂。所以，我们应该要学习动物园的做法，我们要为自己手上所有的猴子找个库房。接着，我们要决定哪些猴子可以养，如此，我们才能好好消化这些硕果仅存的猴子。"

我的朋友接着对我说："当杰克说到这里时，大家面面相觑。我们常常祈祷希望他死掉，当我们听到杰克这一席话，才了解到上帝以最奇特的方式回应祈祷者。发疯抓狂也是另一种可行的死亡方式，所以我们心想，我们就坐在那里，让这个家伙自取灭亡。"

"接着，杰克对我们解释他所谓的'猴子'是什么意思，他继续说：'所以我们首先要做的是把猴子存放起来。接着，因为我们有太多猴子要喂养，我们可能要杀死一些猴子，直到猴子的数量是我们可以负荷的。我希望你们每个人给我一张清单，列举出所有你们记得的我所交代的事情。接着你们再一一来找我，我们会看一遍这张清单，决定要杀掉哪些猴子。接着，我们再为剩下来的猴子订出喂食的时间表。'"

## 喂养它们，其余的猴子杀掉

我的朋友说，当他走进杰克的办公室时，他的清单足足有三页，他们共同讨论了一遍。他说这个过程很有趣，因为杰克知道每一只猴子的存在，代表着他必须找出 5 分钟来喂养猴子。他要花上 5 分钟，听下属对"事情进行得怎样？"这种问题给出答案。杰克每周只有 40~50 个小时，这将会限制他的动物园可以喂养猴子的数量。

他们在一些猴子前面写下"S"（Shoot），表示这些猴子该杀掉；相反地，有些猴子的前面则标示着"F"（Feed），代表这些猴子要留下来喂养。

"当我们逐一讨论这张清单时，杰克说：'我们要杀掉那只，那只要养。那只杀掉，那只要养，这只是 F。哦，天啊，这只猴子还活着吗？杀了它吧。我们把这一只杀了吧。那只留下来养。那只杀掉。'"

"有时候，对于决定要杀掉某只猴子，我们觉得很痛苦，但是我们知道，有些猴子无关乎股东、顾客或是员工及其家人的利益。如果一只猴子和上述四种利益都没关系，那么，它不过是一只宠物罢了。"

"嗯，"他说，"几乎 3/4 的猴子已经壮烈身亡。对于前面标着记号的猴子，杰克说：'太好了，现在，你何时可以到我办公室，在 5 分钟之内，告诉我这些猴子的情况？'"

"当然，"我的朋友说，"在这些幸免于难的猴子当中，有些猴子我根本不喜欢，我讨厌它们，而且不想理会它们。很自然地，我把那些猴子的喂养日期订得很远。我对杰克说：'我 30 天以后再向你报告这只猴子的情况，你意下如何？'但如果杰克很迫切想知道那只猴子的情况，他便回答：'不行，我不同意。这样吧，我们明天早上八点讨论。'"

## 优先次序

"当我的上司这么说时，"我的朋友继续，"就已经改变我的优先次序，而这种方式打从我们开始运用这套制度时便不曾改变过。我们过去会坐在他的办公室里面排列好优先次序：这一项先来，再来是这一项，然后是那件事。那是很抽象的学术方法——一旦我们做好某件事，两天后就会天下大乱，因为每件事情都十万火急，使得这里一团混乱。但是当老板说'我明天早上八点钟要听到答案好吗？'时，就没有模糊地带。这句话告诉我，我那天会有工作插队。"

"轻重缓急的次序再也不会模糊不清，因为我们明白杰克渴望听到答案。对于他感到很紧张的事情，他希望能立刻听到；至于他不紧张的事情，就不是他想立刻听到的事。这样可以澄清许多事情！"

但我对于猴群数目遭到大刀阔斧的砍杀深感好奇，所以，我请教我的朋友："大屠杀是相当残酷的行动吧。你会不幸错杀猴子吗？"

"哦，"他说，"可能有吧，不过并无大碍。"

"没关系吗？"

"当然不会。如果你在上午十点杀错了猴子，当天下班时，就会有4只猴子等着你。所以你如果一定要在多杀或少杀之间犯错，永远选择多杀几只！"

"为什么？"我不解。

"为了那些活着的猴子着想！"他带着会意的微笑回答我的问题。

现在，我们又要重述照顾与喂养猴子的前两项
规则：

> 规则 1：喂养它们，或射杀它
> 们，千万不要让它们被活活饿死。
> 规则 2：只要你找到需要喂养
> 的猴子，你的下属就要找出时间
> 喂食它们，但千万不要过量。

我们生来便知道这些规则。就像前面说的，你
的下属会尊重你所要检查的部分，而非你期待的部
分。下属一天内并没有太多时间尊重老板期待的每一
件事，所以下属必须自行分配优先的次序。他们怎样
做到这一点？他们的做法跟你一样。如果周一一早，
你的桌上摆着两排猴子，一排已经有特定的行动日
期，另一排则没有日期，这时，哪一排猴子会先获
得你的注意力？当然是有日期的这一排。如果你的
下属要将一些事情往后延，延后的事情也是"方便
时"或"尽可能赶快"处理的事情。

所以，你应该帮帮自己和下属的忙。下一次你给他们其他猴子时，先约定好两人开会讨论"事情进行得如何"的时间。这个日期不需要是任务或项目完成的日期。的确，你们对猴子的迫切程度决定了执行任务与项目期间，彼此会面的次数。老板们会把时间用在他们比较迫切的事情上面，而不是盘旋在他们脑海中的事。可能的情况便是：你最感到迫切的事情，你的下属也会最感到迫切。

双方可利用喂食猴子的时间，来沟通彼此的迫切程度与优先次序。如果你迫切的程度日渐升高（无论理由为何），那么增加喂食的频率，缩短喂食时间的间隔，你的讯息将贯彻下去。

另一方面，如果你每个星期无法找到 5 分钟，或一个月无法挪出 5 分钟去喂食猴子，你的下属会得出一个结论，即他们若必须拖延某件事情，最安全的做法就是拖延那些你最不感兴趣的，而这一只绝对是其中之一。当你无暇喂食猴子，你的下属就没有时间处理这些猴子。

> 规则 3：按照喂食进度表上的时间和地点喂养猴子是下属的责任，主管不必再沿途追逐即将饿死的猴子，胡乱地喂食。

## 规则 3 喂养猴子的责任必须落在下属身上

传统的管理训练常常灌输给我们，管理者的职责之一便是要后续追踪、后续追踪、后续追踪。这时你的脑海中浮现出什么画面？追踪者与被追踪者，没错吧！上司是追踪者，下属成了被追踪者。这不是后续追踪，这是骚扰，而且后果十分严重。

### 业余管理者的做法

在此情况下，我扮演管理者的角色。八点上班，到了早上十点，大致已完成例行的工作，处理好一些危机。每次十点钟一到，我总是会突发奇想——觉得我的下属可能又要把猴子丢到我身上。于是我站起身来，四处走动，看看能否发现他们今天究竟用哪个特别的招式来对付我。正当我四处巡视时，我想起富兰克林的祖父曾经说过："如果你自找麻烦，那就是罪有应得。"

确定了这一点之后，我于是沿着走廊走过去，遇到了艾德。他是负责货运收发的作业管理者。半年前他从时薪工作升任到这个职位，他试着用过去所积累的知识来做好这份工作。他要对主任负责，主任则向督导负责，督导依序向我负责。艾德与我之间的职务层级隔了好几层。正当我看到艾德走进收发室时，我看到了一个箱子。现在是周四早上十点半。这个箱子从上周五便摆在那里。

## ‖业余管理者喂食猴子‖

我立刻找艾德。毕竟他是收发室管理者，对吧？他正好人在那里，也有空。我跑到他面前说："天啊，艾德！你知道我相信人际关系与希望，以及在各司其职的情况下，鼓励大家要有创意。但我们为什么不把东西送出去呢？"

"上星期一我走过货柜时，看到那里有一个箱子，我知道这个箱子要送交给一个重要的客户，我对自己说：'嗯，很好！产品一下生产线，我的团队成员便立刻将东西打包好放在货柜上。'这一点让我颇感骄傲。不过那天下午，东西依然闲置在那里。我开始纳闷，为何这个箱子还没被运走。接着，到了周二、周三时，我又看到了它！我突然觉得头痛、胸口疼痛、胃溃疡发作与神经性紧张。现在已经是星期四了，它依旧放在这里。"

"艾德，你或许不知道，公司花钱雇用你，是要让顾客取得货物，这样我们才能开发票给他们，然后他们才会付款，对吧！所以我们赶紧将这个箱子送出去吧！"

当身为工厂管理者的我，碰到一只垂死的猴子时，便一手抓住这只小东西，强迫灌食，帮它按摩，照顾它到恢复生机与体力，把它交还给艾德。上述这幕情景随着我继续寻找下一只濒临饿死的猴子，才终于暂告一个段落。

## ‖故伎重演‖

接下来，我又在会计部门遇到亚特，我对他说："亚特，你是这里的元老，你和我一起协助创办人白手起家成立了公司。你知道我不会到处找碴儿。可是亚特，你看看那叠发票已经摆了两个月了。我知道你的部门政策是 30 日之内将发票送出去，所以不要再找借口。我只想看看对于总裁在年度圣诞节致辞时强调的尽忠职守，你究竟发挥了多少。"

怎么回事？我发现了另一只垂死的猴子！一手抓住这只小东西，强迫灌食，帮它按摩，照顾它直到恢复了体力与生气，再将它交还给亚特，又急着去找下一只濒临饿死的猴子。

日复一日做着同一件事的管理者究竟怎么称呼他们的工作？他们称之为"监督、盯进度与后续追踪"。但是，后续追踪绝不是如此做法——这么做无异于精神病院的管理员把病人弄得比刚入院时还要疯狂。

## ‖ 好戏在后头 ‖

不过，最糟糕的状况还在后头。那天晚上，我这个工厂管理者等到大家下班离开了工厂才回家（他们常常无事可做，而我却经常无时间可用）。回到家，在丰盛的牛排大餐、四罐啤酒下肚，看完两集电视剧之后，我筋疲力尽地瘫在床上。可是却无法入睡，整晚辗转难眠，反复想着当天我丢给下属的猴子。在没有库存记录的情况下，我甚至对他们没有几成的把握，我很担心今天丢出去的猴子。因此，隔天一到办公室，我便花了两倍的时间检查一遍昨天遗漏的猴子，再加上几只今天必须喂食的猴子。

到了星期三，我花了 3 倍时间，走遍整座工厂，把我在星期一应该抓到的猴子找出来，加上星期二遗漏的猴子，星期三必须喂食的猴子。这好比唱着不断升高音调而飙到最高音，到了这个月 24 日 ( 而且通常都是这一天 )，我请了病假。这是我每个月固定会发作的精神崩溃时刻。我已经崩溃了。我整个星期都在马不停蹄地工作。这些定期会发生的状况显然是下属早有预谋的计划。他们在墙上的日程簿上，圈了 24 日——就选这一天让老家伙发疯吧。他们用我养病的这段时间，团结一致弥补了过去我在上班时间害他们失去的时间。我再重申这条规则：

> 规则 3：按照喂食进度表上的时间和地点喂养猴子是下属的责任，主管不必再沿途追逐即将饿死的猴子，胡乱地喂食。

这句话的前半段意思是，有人若为了喂食猴子到处奔波而踏破铁鞋，那么要踏破的也该是下属的鞋子。这意味着下属应该到主管的办公室去喂食猴子。主管不应该自己去寻找濒临饿死的猴子，这样会让下属紧张兮兮，在此情况下，下属通常无法全力以赴。

## ‖ 巡查之旅 ‖

如果你身为管理者，上班时间当然应该到工厂各处巡视。为什么？因为你要负责所有事情的进度，无论你是否亲自待在现场，无论是半夜三点钟躺在床上睡觉，还是上班时间待在工作岗位上，管理者一样要负起所有责任。因为职责所在，你必须明了，做到认真尽责的唯一诀窍就是实施"到处走动"的管理方式。

在拉丁语中，"到处"意指四处走动。你必须四处巡视，如果你认为自己现在无法立刻身体力行做到这一点，我会告诉你如何实施这个办法。我会示范一下这种技巧，但这次示范的是专业管理者的做法。

## 专业管理者的做法

我一到办公室，会先看看自己当天的会议日程，以及今天是否准备好要喂食 6 只猴子。其中，在部门会议时喂食 4 只猴子，因为经验告诉我，下属中总会有三四只长相相似的猴子，彼此窃窃私语，这几只猴子可以在部门会议中喂食。但偶尔总会有一只长相与众不同的猴子混在里面，如果你要在部门会议中喂食这种猴子，将会浪费大家许多宝贵的时间。所以，这两只猴子要私下找喂食的时间，我的日程上便写着："三点钟喂食凯斯的第 2 只猴子，三点半钟喂食山姆的第 7 只猴子。"诸如此类的话语。

我将时间表记在脑海中，开始处理公文夹里的文件，到了十点左右即处理完毕。我沿着走廊走过去。但身为一个专业管理者，我的目的已与之前大不相同。我不会到处在办公室搜寻与喂食猴子。所有的猴子都放在喂食的时间表上。我知道，它们都有人喂，所以，我可以很自由地做任何想做的事情。

一如往常，我遇到了艾德——货运收发部管理者。我的职位高他三层。我跟以前一样，越过他的身影，看到了那个箱子摆着那里。我当然对此很生气，不过我没告诉艾德这件事情。我向他道了"早安"，从外套口袋中找出喂食猴子的时间表。我看到时间表上预定了，检查货运收发室程序的会议。

　　这只猴子现在在货运收发室（当然还包括其他工作）督导的背上，而向我汇报的人是他。我把猴子放到他的背上。我手下有 5 个要向我汇报的督导，他们的背部就是我放置猴子的地方。我不需要将猴子放在艾德这种层级的员工背上。

　　请注意：**组织实务上的基本原则便是，资深管理者不该在未告知直属下属之前，便绕过下属直接对后者的下属宣布指示，除了生死攸关的情况。**这项原则一旦遭到破坏，便会导致所谓的越级监督，混淆了任务的优先次序，让接到指示的下属费力不讨好。

　　我并未对艾德多说什么，而是直接打电话给必须负责的督导罗杰。当电话铃声响起时，他正坐在办公室，想着他自己的事情。我说："早啊，罗杰。关于你编号第 9 号'货运收发室程序'的猴子，我们下次喂食的时间是什么时候？"我当然知道，我只是在考考他。

他拿起自己的小记事簿说："是的，威廉。根据我的日程表，我们两周后要喂食这只猴子。"

"罗杰，我要告诉你一个消息。我们改成明天早上八点半喂食这只猴子。"

## ‖ 其疾如风 ‖

几秒钟之内，罗杰奇迹般地出现在收发室。同时我安静地走出收发室，走回我的办公室。我很乐意让人性顺其自然地发展下去。我知道即将发生什么事情。罗杰冲进收发室问艾德说："安肯来过这里吗？"

"是的，他刚才来过。"

"啊！他看到什么？"

"我不知道。"

"嗯,"罗杰说,"这样,问题的范围愈来愈大了。"

罗杰逮住了艾德的上司,三个人挤成一团。罗杰说:"我有个问题。明天早上八点半,我就要回答安肯的问题:'事情进行得如何?'如果是单个猴子的问题,我会有 5 分钟的时间,但是碰到猴群,我会有半小时。安肯根本对今天所发生的事情不感兴趣,因为到了明天,这些都成为历史,安肯不是历史学家。他将要在明天早上八点半知道事情的进度。因此,我们要把这里整顿一下——明天他问我事情进行得如何时,我将可以立刻回答。他究竟看到了什么?"

## ‖ 不可能的任务 ‖

他们环顾四周,首先映入眼帘的便是那个箱子。不过宛如奇迹一般,箱子已经放在卡车上出了大门,整个过程只花了 3 分钟。星期一他们没将箱子运走,是因为卡车送厂检修传动器;星期二没有运走,是因为卡车被撞到,进了修车厂;星期三他们也没将箱子运走,则是因为另有急件,而且找不到卡车。到了势在必行时，一旦员工下定决心完成任务，他们便会产生不可思议的能力完成不可能的任务。没有人知道究竟是怎么回事，这是他们的秘密。

接着，他们将整个收发室检查一遍，把收发室弄得天翻地覆，因为他们实在不知道我究竟还看到了哪些东西。他们希望收发室的状况良好，如此明天早上8点半才能给我一个令人满意的最新报告。他们熬夜工作，努力将现状与给我的最新状况拉近，尽量弥补这中间的落差，而他们这么做都是因为我的例行巡视所致。

就在隔天早上八点半，罗杰两眼朦胧地走进我的办公室，我则是好整以暇。我睡足了9个小时，因为我知道今天会有何进展。"事情进行得如何？"我问道。在他回答时，我拿起纸笔开始记下他向我报告的内容。因为我写字不快，我告诉他放慢速度，又重复说明了一些事情。他知道我为什么要把事情全部记下来。当我们讨论完毕，我又将回到收发室，把他所报告的内容当作我的检查清单。

## ‖ 我们去看看 ‖

当他汇报完毕时，我对他说："好，那我们过去看看。"当我们来到收发室门口，我很惊讶地愣住了。这个地方全然改观。地板擦得很干净，箱子全部运走，输送台也整齐地摆好，看起来真是焕然一新。

你看出业余管理者与专业管理者处理事情的结果有什么不同了吗？当我是个半吊子时，我告诉艾德："快把那箱东西运走。"结果如何？箱子可能会运走。但身为专业管理者，我做了什么？和整件事情相比，运走那个箱子只是小事一桩。因为他们不知道我究竟看到了什么，于是他们就三双眼睛所能看到的每件事情好好地处理一遍，熬夜赶工。他们自动自发地完成了如此多的任务，我根本计算不出这种杠杆效果究竟有多大。另外，他们在完成任务的过程中，学会了要靠自己、准时等这些观念，学会了何谓管理的后续追踪。

## ‖不见踪影的猴子‖

你可能还记得第 3 条规则说——按照喂食进度表上的时间和地点喂养猴子是下属的责任，主管不必再沿途追逐即将饿死的猴子，胡乱地喂食。听起来简单，不过你在猴子的喂食时间遭到反抗该如何处理？你的下属凯斯应该在下午两点到你的办公室来喂猴子，不过他却不见踪影。这下该怎么办？好，在这种情况下，我将扮演上司的角色，我们来看看后续的发展。

凯斯下午两点应该出现在我的办公室。约定的时间到了，不过凯斯却没到。他可能只是忘了这个会议。每个人都可能发生这种事情。然而从技术上来看，凯斯的缺席是什么？不服从。只有他不知道这一点，因为他压根儿就忘了这回事。

现在已经两点一刻，凯斯还未出现，我火冒三丈！下一个步骤是他该做的——到我的办公室喂猴子。他忘了这次的会议，也因此迫使我采取下一步的行动。

无论发生什么事，现在是我要展开下一步：不理会这个问题，忘了它，直到他恢复记忆；打电话给他，要我的秘书打电话给他，等等。我要怎么做？

如果我是个业余管理者，可能会去提醒凯斯这个会议，或是让秘书去提醒他。但记得：要准时在这里出现是他的职责，如果我提醒他，便是去替他完成职责。你不可能以扛下下属责任的方式来教导员工尽责。不过，我还是要鼓励他尽责，同时采取他迫使我去做的下一个步骤。

所以，我要秘书苏打电话给我手下的每个管理者到我的办公室来。他们集合在会议桌旁，屏息等待想知道究竟是什么危机，让他们如此自我牺牲以履行义务。

正鸦雀无声时，我说："我把各位召集起来，因为我们面临一个危机。15 分钟前，我喂食猴子的时间出现了有人违抗不来。现在，我可以忍受人为疏失，包括我自己与别人的疏失，但下不为例。我不会指名道姓，或是指着你们大骂。但这是一件严重的危机，我必须把你们召集起来，即使只有一个人犯错。我之所以这么做，是希望确定你们不会有人再做出这种事情。重点就在这里。"

"我想解释一下你们的工作职责。我想之前我已经解释过，不过，我还要重申一遍——你们的职责是在喂食猴子时要准时出现。大家都听清楚了吗？"他们表示明白了，于是我便宣布："散会。"

大家鱼贯走出办公室，议论纷纷猜测着谁是罪魁祸首之际，凯斯——这个罪人，故意落后在队伍后面，因为他不想泄露出罪魁祸首就是他。在意识到他和我有后续事情要谈之后，他找了机会脱队。他迅速穿过走廊，来到我的办公室，一脸歉意地说："威廉，我就是那样对你的人，我真的很抱歉，我保证下次绝对不会再犯。"

"凯斯，"我回答说，"振作一下。事情没那么糟糕，毕竟每个人都可能发生这种状况……但仅此一次。"

## ‖ 生死攸关 ‖

为何我如此铁石心肠？因为我们面对的是一桩生死攸关的大事，攸关猴子的生死。在公司里面，只有一个计划可以优先于此，那就是危及人生命安全的计划。紧接着那个计划的，就是要照顾与喂食猴子。这方面我们一定要有严格的限制。因为到了年终，会计部人员会将年度营业收入统计出来，做出绩效表现，写下最后的盈余数字，这个数字就是猴子集体活动的总和。

如果在这一年中，猴子偶尔因疏于喂食而饿死，会计师或许永远找不到这只猴子。另一方面，如果习惯性允许重要的猴子因无人喂食（或延迟喂食）致死，绩效数字将无法达到预估的标准。大家都希望这种事情发生在竞争对手的企业里，因此，千万不要纵容这种事情发生在自家公司里面。

> 规则 4：如果有冲突发生，预定喂食猴子的时间可在任何一方的提议下，做出更改，但不被视为延误；事情毫无进展不能作为重新安排喂食时间的借口。

当然，喂食猴子的时间常常需要重新安排，尤其是当喂食猴子的代价远超过它对公司的贡献时。例如，假设我今天下午两点钟要喂食凯斯的猴子，但在早上九点时，凯斯打了电话告诉我："安肯，我知道今天下午两点钟约好到你的办公室喂猴子。但是我刚接到客户的电话，投诉我们生产的零件不符合预定的产品规格，我要带几个工程师与业务人员过去，看看能否解决这个问题。我们会在那里待上一整天，既然分身乏术，我建议我们更改一下喂食猴子的时间。"

我该让步吗？当然要让。我无法坚持一定要下属在预定的喂食时间赶回来。如果喂食时间表与公司目标抵触时，抑或凯斯遇到冰雹、暴风雪、洪水或其他天灾，那么，我必须另选其他的喂食时间。但**千万不要片面地更改时间（这是无礼、沟通不畅的做法）。更改时间一定要经双方同意才行。**

## 规则 4　毫无进展不能作为重新 安排喂食时间的借口

　　如有很好的理由，更改喂食时间是一回事；但假设凯斯早上九点打电话，提到下午两点的喂食猴子时间："安肯，今天下午两点，我会到你的办公室，我到那时候没有其他的行程安排。不过，我实在是太忙了。我一直无暇理会这只猴子，所以下午两点，我真是无可奉告。安肯，我很不愿意浪费你宝贵的时间，即便只有 5 分钟，我也无进度可报告。为了你着想，我建议把喂食猴子的时间改到哪天我有足够的进展时，这样开会也比较值得。"

　　你会对此要求有何回应？我会对他说："当然，

我知道你人手不足，工作量很大，我可以理解你没有任何的进展。关于你毫无进展的这件事，你可以事先得到谅解。但是，为了让猴子活下去，一定要喂它，两点准时到这里！"

凯斯相当惊讶。他说："等一下，安肯，如果毫无进展，我要说些什么？没有事情，我能谈什么？"

"很简单。我们可分三部分来进行。第一，你可以解释，如果你有进度，现在会是什么状况。第二，你可以解释目前的状况，也就是毫无进展的情况。第三，你再用第一点减掉第二点，谈谈这个得出来的结果。那就是'无进度'的报告方式，而且我坚持要这样做，因为缺少进展和进展对公司一样重要。"

## 做点事情，否则……

凯斯愣住了，他不知道自己被什么东西击中了。他之前从未做过无进度报告，当早晨一分一秒地过去，想到要做这种无进度报告，他便觉得恶心想吐。

他现在面临两种不愉快的行动方案：一是提出无进度报告，否则就是做点事情。哪件事情会让他觉得好过些？做些事情。当然要做些事情并不让人愉快，但比起一事无成和提出无进度报告，显然做点事情要好多了。

两点钟一到，凯斯出现在我的办公室，脸上洋溢着自豪的表情。他说："嗨，安肯！惊讶吧，我可是有备而来。"

这就是所谓人类的动机。

## 总裁的猴子

请注意！公司总裁不可以重新安排喂食时间。每年，你的总裁会用金色项链把他的猴子牵到讲台上，这就是年度股东大会。一整天的大会里，股东会用不同的方式询问总裁："事情进行得如何？"总裁便得解释过去这一年的进展。

你能想象如果大会前一个月，总裁才知道公司根本毫无进展，于是寄发一封信给所有的股东说，因为进展问题，他打算将会议延缓至六个月以后再开？想必电话、信件与电报一定如潮水般蜂拥而至，说："总裁先生，无论你准备就绪与否，我们都要出席会议，我们要来喂食这只猴子。"

如果公司总裁没有权力随意更改喂食的会议时间，那么，身为管理者的你与他又有什么不同？任何渴望成为总裁的人，现在应该要习惯担任总裁时的各项职务要求，如此，机会到来时，冲击才不至于过大。培养员工成为公司总裁的最佳时机，便是他们走进公司的那一天。

这些终将回归到一个基本的领导原则，即**职责总是以时间为优先，而非准备就绪**。这一点攸关管理工作的概念。计划案的完成时间遭到延误是一回事，但过程中，玩忽职守是另一回事。

我们所有的人经常会错过完成日期，因此，这个日期经常一再更改。但是喂食时间不能只因为没有进展而更改。我在考核员工时，会根据喂食时间所听到的内容，同样也会考量，是否由于未能洞察先机而于一年前定下了这个不切实际的完成日期。

毕竟，如果他们完成计划案的时间拖延了两个月，但从喂食时间，我知道，如果不是他们在未曾预期到的重重困难中表现得如此英勇，情势可能更加惨烈，所以，这一点值得列入考虑。

> 规则 5：无论何时，应尽可能面对面地喂养猴子，或者使用电话，绝对不要用信件。备忘录、电子邮件、传真和报告可以适用于喂食过程，但不能替代面对面的对话。

假设，你学会了前 4 个"喂养猴子的规则"，你走在走廊上，不经意看到下属鲍伯正向你的方向走来。当他靠近你时，你知道他会来一个怎样的开场白。

你迫不及待地想要看到，他听见你的回答时脸上那种惊讶的表情。

没错，他肯定会对你说：“嗨，领导！我们出了问题。”你接着回答说：“鲍伯，我们没有出任何问题，如果我必须提出看法，我们从来没出过问题。问题不是出在你身上，便是出在我身上，但绝对不是我们的问题。所以第一件事，我们应该先弄清楚代名词，看看这是谁的问题。如果是你的问题，我很乐意协助你处理。但如果问题出在我身上，我希望你也会协助我。但它不是我们的问题。现在问题是什么？”

他现在明白问题是他的，至少这次是如此，但他是个经验丰富的管理者，不会轻言放弃。他会用尽办法让你负责下一个步骤。所以，半个小时中，他说着困惑模糊的名词，向你解释整个问题，直到最后，你对问题的了解比他开口前还少。

你不知道问题属于谁，是你，还是他？你甚至

不知道问题是什么，不知道下一个步骤是什么。半个
小时过去了，你再也不能跟他耗下去，所以你对他说：
"鲍伯，我非常高兴你提出了那个看法。我们已经谈
了半个钟头了，但还只是略知皮毛。我们必须对此
做出决定。"

鲍伯非常同意："我们曾经做出决定吗？"他说。

"我正要告诉你，"你回答说，"请你把刚才在这
里所说的一切提出书面报告，包括你觉得其他相关
的事宜。请以不超过一页的篇幅完成，麻烦把它寄
给我。"

## 规则 5  避免遭到误解

"好。"鲍伯说。他有点儿诧异，因为你从未如
此要求过他。

于是你们两人分道扬镳，你笑容洋溢，对自己

道贺说："鲍伯已经有了下一个步骤——写一份备忘录。"

那天下午，你走过鲍伯的办公室，探出头对他说："嗨，鲍伯，事情进行得怎么样了？"我可以告诉你，你们又回到先前的状态了。

## 鲍伯的下一步

隔天早上，你到了办公室。八点四十五分，跨部门邮件把鲍伯的备忘录送进你的办公室。你顺着读下去，直到你看到他的签名，请问下一个步骤由谁发动？当然是你。毋庸置疑。即使下一个步骤只是想想看、归档、不理会、把信撕掉、丢掉，下一个步骤都是你在做。这意味着只要当下属交给你备忘录，自然就赋予你对该备忘录的一个角色——员工角色抑或上司角色？鲍伯现在处于上司角色。

看完备忘录10分钟后，鲍伯走过你的办公室，从门口探出头对你说："嗨，领导，你拿到我的备忘录了吗？"你明白吗？他正在扮演上司角色。

"是的，我拿到了，"你回答，"感谢你可以向上级提出一份不错的报告。"

"你看了吗？"

"是的，我看了。"

"你打算怎么做？"他要求知道结果，而这个要求让你退回你原来的位置。

## 来自下属的猴子

哪里出了差错？你不该要求他写备忘录？当然不是。你要求他写备忘录的理由十分充足。文件、未来参考资料有助于你恢复记忆。这个部分还好，但你不该说："发给我一份备忘录。"你应该说："把记录拿来给我看。"

我们把整个情境用另外的方式重演一遍，看看情况如何。

隔天早上，你到了办公室。鲍伯走进来把他的
会议记录交给你。他转身要走，你对他说："嘿，鲍伯，
等一下。回来，请坐。我绝不会单独看完这份记录。"

一份备忘录等于是一半的对话内容。猴子是两
人结束对话后的下一个步骤。当一个人写给你一份备
忘录，底下还署名，下一个步骤就是你的，就这么简
单。因此，如果他写了一份备忘录给你，请他坐下来，
恢复对话，因为只要让他开口，就有机会让下一个
步骤成为他的。因此，你对他说："鲍伯，备忘录底
下是你的签名吗？"

"是的。"

"这是你写的？"

"没错。"

"请你把备忘录念给我听。"

"念给你听？这是我写的！"

"这表示你是最有资格念这份记录的人，我希望由你来念。这样我可以插入 6 个常用语：什么，为什么，谁，如何，哪里和何时。"

对任何想抗拒被老实人欺骗的管理者而言，这 6 个字都是最佳的破解工具。我不是说鲍伯想欺骗我，他不是那种人。然而，他是个精明的历史系学生，也是一个谨慎的人。他明白，当你写备忘录给公司任何人时，就在记录从打印机印出来，或通过电子邮件传送出去的那一刹那，它突然成为一份可被引用的文件。他有过许多悔不当初的经验，曾经写过一些毫无戒心的备忘录给老板或其他人，4 个星期之后，记录传到了一个会误解、能误用的人手上，于是爆发了行政冲突。所以，现在凡是写备忘录，他都会用一种不会被误解、被误用的方式来写。

你如何用一种永不遭到误解的方式来写一份内部报告？你会运用亘古以来律师所专长的技巧来写。你会写出无人能懂的内容，于是没有人会误解。即任何你一开始就不明白的东西,你根本无从误解。所以,他就用这种模棱两可的技巧,他真正想说的话根本不会出现在那份记录里,它暗藏在字里行间。

因此,不要浪费你的时间来看他的备忘录,叫他念给你听。这样你可以找到他的弦外之音——而这也是你真正想知道的部分。当你们展开对话时,他便很愿意告诉你他真正的意思,因为不会隔墙有耳,这个地方没装窃听器,这是面对面的对话,让一切事情都摊开来讲。备忘录不过是谈话内容的引导大纲。

花 15 分钟和鲍伯谈话,将使你获得真正的沟通与了解,如果你只想节省时间花 5 分钟读这份备忘录,那么你将无法达成真正的沟通与了解。

唯一让我认为有必要写在纸上的,就是文件会成为重要考虑内容的。**不要用纸、电子邮件,它们无法传递或创造彼此之间的了解。对话是唯一能够增进双方了解的工具**。如果在达成了解后,你希望记录下来，那么，你可以要他写一份会议记录归档，这份备忘录应包含对话所达成的了解。

当鲍伯坐在你的办公室与你谈话时，你可以充分了解他的讯息内涵。最后，你们两人都发现对话已经到了效果递减时，鲍伯便说："我应该回去做事了。"

"不，"你说，"我们下一项工作事项，便是你我共同找出如何让你执行下一个步骤。"

"不过，我已经很累了，领导。我们要在 30 分钟之内把下一个步骤搞定。"

"那的确会对你造成问题，不过我很乐意帮你。"

因为鲍伯希望在半小时内离开你的办公室，他将会展现出无比的创意、想象力、动力与热诚，试图找出意义，你会同意他执行的下一个步骤。需要是创意与发明之母。

而这也让我们必须重申规则 5：

> 规则 5：无论何时，应尽可能面对面地喂食猴子，或者使用电话，绝对不要用信件。备忘录、电子邮件、传真和报告可以适用于喂食过程，但不能替代面对面的对话。

## 你要迈出下一步

面对面的对话也会引发一个问题：如果对话结束，下一个具体的步骤显然属于你时，你要如何往下进展？例如，在与下属对话时，假设你们两人都认定下一个步骤是"找财务副总裁处理细节问题"。问题便成为，谁应该进行下一个步骤——你还是你的下属？

你知道鲍伯希望你和财务副总裁联系，鲍伯的借口是，财务副总裁位高权重，因程序与地位不同，自己不便直接和副总裁联系。

对此情况的感受，他可能并没有错，但是鲍伯正在设计你——你应该要去找财务副总裁谈。当你离开副总裁的办公室时，谁会在外面等你，问你"事情进行得怎样？"当然是鲍伯，而这意味着——再一次，他担任了上司的角色，而你要担任员工的角色。

所以，你对他说："鲍伯，我很清楚公司的惯例以及副总裁职位的敏感度。我知道如果你单独找他谈，那会让副总裁觉得很紧张，有损他的尊严，不过你不能因此摆脱你的责任。无论如何，你都要去找他，但我会跟你去。我们进行的方式会让副总裁觉得你是跟着我走，这一点我们不会弄拧，好吗？"

"好的，领导！"鲍伯说。

你和鲍伯一同前往找副总裁谈，猴子在哪里？在鲍伯的背上！你走进副总裁的办公室，猴子是在鲍伯的背上，你离开时，猴子还是在鲍伯的背上。

以下的情况相当不合理，许多高层管理者只因为阶级不同，而帮低层员工跑腿，还让下属问说："事情进行得怎么样？""你不做的话，也要让别人去做。""快做决定吧。"带着你的下属一起进行，通常这是一种很好的管理做法，这么做，猴子将不会乱蹿。

## 每只猴子都有归宿

每只猴子都有自己的归宿，这也是它们不会全部集结在公司组织底层的缘故。有些猴子属于你，其他的猴子属于你的上司，剩下的猴子属于你的下属。但猴子走失丢掉时，它们没有回到家里的本能。猴子一旦迷途，它会冲动地往上爬。它只想跑到上面，而不是回家。所以，猴子通常是往上爬，因为组织大多数呈垂直金字塔状，你会看到几百只猴子挤向所谓的企业总部里的小小空间。这也是为什么大多数人认为企业总部是整个组织最大的瓶颈。为什么呢？因为猴子都挤在那里。有经验的人会告诉你："千万不要呈报任何东西到总部去，除非你想对这些东西说'再见'。你会发现这些意见从此石沉大海。"而我想对经验丰富的人说："不要呈报给总部任何一旦毫无反应时，会对你造成伤害的东西。"

> 规则 6：超过好几页的备忘录、电子邮件、传真和报告应该在一页的摘要中写清楚，以便展开即时的对话。

规则 5 建议你必须要和下属展开对话，讨论他们所写的备忘录、电子邮件、传真和报告。

但如果明天，你到了办公室，看到一份厚达 35 页的大报告，这是你的下属花了三个月的心血完成的。这份报告包括了条状图、饼状图、指数曲线图与交叉分析图表等附件与参考资料——简直就是一篇硕士论文。你们将要逐一对此报告展开对话吗？不可能吧！那么，你该如何进行下一步？

我的建议是把作者叫进来，把报告交还给他，要求他说："你什么时候把这份报告拟出一页的摘要给我？"

当他回来之后，他把这一页的摘要夹在 35 页的报告上。他不希望你忘了那份报告，他投入了许多的心血。他把两份报告一并交出来。你留下一页的摘要，把报告丢回到他的膝盖上。你读了摘要的第一句话，完全不知所云，你说："鲍伯，我不了解第一句话。"

"老板，"鲍伯说，"35 页的报告不能一页道尽。第一句话是前 19 页报告的摘要，除非你先看过报告前面的 19 页，你才能看得懂第一句。"

"好，鲍伯，你手上现在有这份报告。那么，念前 19 页给我听。"

"别傻了，老板。我不必念这些报告给你听。我可以用比念给你听还少的时间，把内容告诉你。"

## 规则 6　展开即时的对话

所以，他告诉你报告的内容，你对他提出谁、如何、为何、什么、哪里与何时等问题，你终于掌握了整份报告的中心主旨。

鲍伯把椅子拉到你的身旁，要你看这些图表，指出不同的事情。30 分钟之后，你对这份报告已经有透彻的了解，效果超过你独自一人坐在书房，想看懂这些不熟悉的东西。

当你们的对话结束时，你对他说："鲍伯，我这次收获很大。"

鲍伯站起身来好像要离开时，你说："等一下，鲍伯。你是否忘了什么东西？"

"我觉得没有。什么东西？"

"你 35 页的报告。"

"那是你的，领导。上面有你的名字，这是要交给你的。"

"你说的或许没错，不过我没有理由把报告放在这里。麻烦你拿回去，而且你走出办公室后，顺便告诉我的秘书苏，你有这份报告，她可以在电脑档案上做记号，这样，她才会知道属于我的东西归档在其他地方。"

这份报告也会归在他的档案中。如果放在我的档案里，我可能会忘了报告放在哪里。但既然由鲍伯保管，我永远都知道这份报告在哪里。如果这份报告放在我的柜子里，而我找不到，那就是延迟。如果报告放在他的柜子里，当我需要时，他却找不到，这是不服从。最后，只要这份报告放在他的柜子里，那就可以相信，他可能会处理。

所以，长篇大论的报告一定要附上一份简短的摘要，以说明里面的内容。这份简短的摘要可以让你们展开对话，让你很快了解到报告内容。没有摘要的长篇报告必须在对话前阅读消化才会有意义。对话的目的在于确定当你们阅读这份报告时，所必须做出的下一个具体步骤，这样在你阅读这份报告时才不致出现瓶颈。

企业应以活动为导向，没有因就没有果。没有活动，也不会有结果。光对结果有所承诺，其成就不会比新年愿望高出多少，而且还会留下不良的记录。

然而，有些人还心存奇怪的信念，以为只要对某件事情赋予深切的承诺，承诺自然会兑现。强调目标而忽略行动的人，根本就是无视因果关系的科学原则，他们认为目标等于原因，而结局就是结果。

对九个月以后的事情做承诺，期待届时会有成果是一回事；至于承诺要在今天采取下一个步骤，以增加达到成果的概率，那又是另外一回事。对目标有所承诺，不见得可以如期产生圆满的结果。只有针对欲达成的目标采取行动，才会有效达成结果。

管理者要正确针对自己的目标提出承诺，且要包含未来预定完成的时间表。若未陈述下一个步骤——目前为了要达成目标的特定行动——管理者就可能会失败。陈述下一个步骤时应该以可量化的语句来表达，这样执行必要措施时的不确定度才会降低，而且表现才能改进。

# 后 记

你或许已经看到很多不同的抓猴子的方法。要抓住猴子是如此简单。你可以毫不知情地就让猴子聚集成群，而到了下班时刻，桌子上已经爬满你从下属那里抓来的猴子。但此时你可能会对自己说："我还能有其他的选择吗？我负责管理，我监督员工，搜集猴子就是我的工作。"有时所言甚是，但不是永远如此。

你已经见识到业余管理者对猴子的不当管理，也看到专业管理者如何管理猴群的数量。

请记住，猴子是双方对话结束时的下一个步骤。猴子不是问题，猴子也不是项目，更不是一项方案，它是在项目、方案与问题中要展开的下一个步骤。这就是所谓的猴子。而对每只猴子而言，总有两个参与者介入，也就是解决者与监督者。

当你对下属说"让我想一遍，再告诉你怎么做"时，便已经产生了猴子管理不当的现象。你所做的正是从下属身上接下责任，答应给对方进度报告。事实上，这样反而会让下属成为你的上司，而让自己成为下属。如果你从某人身上接下责任，答应给对方进度报告，这样就赋予对方追踪进度的权利。而追踪是管理责任，并不属于员工。

所以，当你从下属身上接下责任时，会发生两件事。第一，你让员工来监督你；第二，你让他们不必做自己分内的工作。你可以稍微想一下第二点。你等着某人做决定，并将决定告诉你，给你所需的讯息，以致事情无法进展，那时，你将作何感想？你会觉得很挫败，对吧？没错，这就是下属的感受。

受挫气愤的员工不会成为有效率、有想法的员工。所以，你应该考虑到他们可能会有挫败感。你也应该对所有发生在你身上的事情感到忧心。你将会成为头号瓶颈。如果你对很多的人做出很多的承诺，却不曾实现过任何一项承诺，你会心生愧疚。

　　而这只是恶性循环的开端。你会觉得愧疚，所以，你接受更多的猴子；你的下属觉得更加挫败，你觉得更加愧疚。该如何打破这个循环？请记住，帮你的下属做事，不是你的职责所在。你职务的真正目的，在于提供动力让其他人发挥所长。我们喜欢称这一点为"照顾与喂养猴子"。这就是授权给下属，妥善管理猴群数量的制度。

　　让我们总结一下。

　　你已经知道，当你决定让任何猴子都存活下去时，你应该坚持不要产生太多的猴子，以免它们活不下去。

　　如果你的猴群数量过于庞大，有些猴子可能会跳上你的背。不是所有的猴子都需要存活。有些可以，也应该射杀，或让它们自生自灭。

　　所以第一步，你要先决定这只猴子是否值得大家花时间养它。这是一个可行的项目或方案吗？这是一定要完成的事项吗？你应该亲力亲为吗？还是你的下属该做这件事情？或是这根本是别家公司员工该做的事情？每次你遇到猴子，这些都是你应该扪心自问的问题。

一旦你决定喂养这只猴子，你必须穷追不舍地问下去。这只猴子是否值得喂养，抑或应该把它枪毙？请记住，那些你选择留下来喂养的猴子，都会有一套繁衍之道。

千万不要自不量力，抓了很多你无法处理的猴子在手上。如果你抓了太多猴子，你就无法把每一只猴子喂好。这将会对你造成负面的效果，让许多饥饿、缺乏人照料的猴子满地爬。你面对的将不是许多成功，而是更多失败的机会。为何如此？因为你总是没有足够的时间与精力来完成你的项目。对于组织而言，这种负面的效果将造成全面的瘫痪。

与其什么事情都自己做，让周遭充满了尖叫、饥饿的猴子，还不如运用安肯的猴子管理制度，好好将工作指派给下属。我们有一套方法让你达到那种境界，这便是所谓的猴子管理制度。在你指派工作前，应该先了解训练、指派任务的双重秘诀。当你学会如何指派工作，便可以控制好猴子，让所有的猴子保持健康。但有些管理者对于分派给下属太多照顾猴子的责任感到忐忑不安。事实上，在建立对员工的信赖时，最大的障碍是来自于你恐惧员工可以独当一面。这也是为什么每只离开你的猴子，你应该授予自由程度的原因。安肯自由量表已经成为一项风险管理工具，尽管禁止下属运用第1与第2以上的自由层级，可确定猴子会好好留在下属的背上，却无法授予更多会超过你焦虑程度所能忍受的行动自由——而且这一切也随着争议与环境的不同而有所改变。你可以根据下属与议题，来维持短暂的约束行为（自由层级第3级）。

此处最重要的便是有效训练，因为训练是培养人才的根本。你不能只是一再地将猴子丢给下属，你必须先确定下属有能力管得住猴子。而这就是安肯自由量表的秘诀——尽可能在下属的处理范围内，给予对等的责任与行动自由，让他们独立工作，但在他们需要你协助喂食时，务必要在他们身边。

有些下属一开始就比其他人更会照顾猴子。但当你和下属工作时，你可以帮助他们培养发掘问题与机会的能力，提出建议案与运用有效的步骤继续完成工作。

运用安肯猴子管理制度，将会让下属有更多成长和担负责任的机会，而且你应该先以安全有效的任命帮他们铺路，也要给予自己必要的时间去做自己应该做的事情。

所以，让猴子跟着你的下属，千万不要不明不白地突然去接受猴子。猴子或许很狡猾，它们会在你出其不意时找到门路跳到你身上。

如果你将猴子交付给了某人，务必要排好追踪的会议时间表。这可以让你将不期而至的干预降至最低，掌控每天的行程。这也是管理猴子和确定它们跟好主人的唯一方法。

本书所提出的任何论点，其主旨皆在于教导你处理下属关系时如何掌控好时机与内容。现在，你已经学会利用安肯时间管理策略掌握猴群的数量，你也可以侦测到远处那些想跳到你身上的猴子，最重要的是，如果猴子不是你的，一定要把它从你的背上抓下来。

## 致 谢

对于不断鼓励我、协助我，让本书得以付梓的人，我在此深深表示感谢。

我要将最深的谢意献给我的家人：母亲、哥哥约翰与姐姐英格。没有他们的鼓励与支持，这本书可能永远也写不出来。

我也要感谢我的下属丹利（Winnie Danley）与贝克斯（Jo Annette Bex），他们帮我搜集手稿阶段的材料，付出耐心与坚持，并重新编写后来的手稿，让这本书得以成形。

感谢大卫·特里普（David Tripp）和我的同事共同花了无数时间，设计出一个很有意思与吸引人的封面。

感谢先进设计中心的老板杰米·森卓（Jaime Cendra），

让我们使用他的设备，以及道格·利文斯顿（Doug Livingston）在封面印刷时给予我们如此具有创意的协助。

感谢我的编辑谢尔顿（Ken Shelton）在这么长的时间中付出的耐心，提供给我有关出版与专业编辑的高水准帮助。

特别感谢我的客户和朋友，他们花了许多时间检查初稿，并提出许多建议（其中的许多建议已被采用），他们很慷慨地给这本书以支持。

最后，我要感谢我的父亲——小威廉·安肯。他毕业于普林斯顿大学，在哥伦比亚大学念研究生。在他的职业生涯中，先后做过物理教师、地理物理学者、海军官员、政府官员、企业老板、管理顾问与训练师。

在第二次世界大战中，他服役于美国海军，官拜中尉，二战结束后，他以平民身份任职于海军部以及陆军部总司令幕僚。他也相当荣幸地成为美国海军博士后研究所、美国陆军指挥司令大学与陆车工业学校等学校的教职员荣誉会员。1955 年从公务机构转至民营企业任职，这促成了他 1960 年在纽约成立企业管理顾问公司，这段时间他称自己独创的领导与企业管理理论为"处理时间管理"（Managing Management Time ™），本书中有许多题材援引自这些理论。

1970 年，他将办公室和居家迁往得克萨斯州达拉斯。他是一个天才型、活力充沛、谈吐幽默的演讲者。多年来一直担任总裁联谊会管理课程的讲师，也是国立大学年轻总裁组织中颇受欢迎的教职员。他独特与充满想象力的表达方式总是能够激发听众，带给人们难以忘怀的真知灼见，也能对人们面对的基本管理问题提出实际的解答。

父亲最为人津津乐道的成就是，他首创的"处理时间管理"研讨会（或称"让猴子回到主人背上"）。这些突出洞见赢得了管理阶层的广泛好评，多年来，他的猴子比喻已经成为管理界的传奇经典。

他曾经发表过的文章散见于许多刊物，包括《哈佛商业评论》的《时间管理：猴子落在谁背上》。该文是"处理时间管理"研讨会的摘要报告，也是《哈佛商业评论》最常被读者要求重新刊载的一篇文章。

时至今日，许多企业界的管理者与领导人都将他们获得的成功归因于从安肯的理论中获得的启示。家父的朋友哈尔·伯罗斯（Hal Burrows）与布兰杰也在他去世时特表致意，并引起广大的反响：

就像莫扎特一般，小威廉·安肯是一位十分罕见而杰出，兼具大师级作曲家与演奏能力的人。不同之处在于，小威廉运用的是语言而非音符，来传播他的作品。他的巨作——《处理时间管理》超越了时代而成为常读常新的作品，他把握住了管理精髓，创造了企业恒久流传的管理艺术。任何曾经眼见他亲身演讲的人，毕生都难忘这种宝贵的经验。

# 未来，属于终身学习者

我这辈子遇到的聪明人（来自各行各业的聪明人）没有不每天阅读的——没有，一个都没有。巴菲特读书之多，我读书之多，可能会让你感到吃惊。孩子们都笑话我。他们觉得我是一本长了两条腿的书。

——查理·芒格

互联网改变了信息连接的方式；指数型技术在迅速颠覆着现有的商业世界；人工智能已经开始抢占人类的工作岗位……

未来，到底需要什么样的人才？

改变命运唯一的策略是你要变成终身学习者。未来世界将不再需要单一的技能型人才，而是需要具备完善的知识结构、极强逻辑思考力和高感知力的复合型人才。优秀的人往往通过阅读建立足够强大的抽象思维能力，获得异于众人的思考和整合能力。未来，将属于终身学习者！而阅读必定和终身学习形影不离。

很多人读书，追求的是干货，寻求的是立刻行之有效的解决方案。其实这是一种留在舒适区的阅读方法。在这个充满不确定性的年代，答案不会简单地出现在书里，因为生活根本就没有标准确切的答案，你也不能期望过去的经验解决未来的问题。

而真正的阅读，应该在书中与智者同行思考，借他们的视角看到世界的多元性，提出比答案更重要的好问题，在不确定的时代中领先起跑。

## 湛庐阅读App：与最聪明的人共同进化

有人常常把成本支出的焦点放在书价上，把读完一本书当作阅读的终结。其实不然。

---

时间是读者付出的最大阅读成本

怎么读是读者面临的最大阅读障碍

"读书破万卷"不仅仅在"万"，更重要的是在"破"！

---

现在，我们构建了全新的"湛庐阅读"App。它将成为你"破万卷"的新居所。在这里：

● 不用考虑读什么，你可以便捷找到纸书、电子书、有声书和各种声音产品；

● 你可以学会怎么读，你将发现集泛读、通读、精读于一体的阅读解决方案；

● 你会与作者、译者、专家、推荐人和阅读教练相遇，他们是优质思想的发源地；

● 你会与优秀的读者和终身学习者为伍，他们对阅读和学习有着持久的热情和源源不绝的内驱力。

从单一到复合，从知道到精通，从理解到创造，湛庐希望建立一个"与最聪明的人共同进化"的社区，成为人类先进思想交汇的聚集地，与你共同迎接未来。

与此同时，我们希望能够重新定义你的学习场景，让你随时随地收获有内容、有价值的思想，通过阅读实现终身学习。这是我们的使命和价值。

# CHEERS

# 本书阅读资料包
## 给你便捷、高效、全面的阅读体验

## 本书参考资料

- ☑ **参考文献**
  为了环保、节约纸张，部分图书的参考文献以电子版方式提供

- ☑ **主题书单**
  编辑精心推荐的延伸阅读书单，助你开启主题式阅读

- ☑ **图片资料**
  提供部分图片的高清彩色原版大图，方便保存和分享

## 相关阅读服务

- ☑ **电子书**
  便捷、高效，方便检索，易于携带，随时更新

- ☑ **有声书**
  保护视力，随时随地，有温度、有情感地听本书

- ☑ **精读班**
  2~4周，最懂这本书的人带你读完、读懂、读透这本好书

- ☑ **课　程**
  课程权威专家给你开书单，带你快速浏览一个领域的知识概貌

- ☑ **讲　书**
  30分钟，大咖给你讲本书，让你挑书不费劲

**湛庐编辑为你独家呈现**
助你更好获得书里和书外的思想和智慧，请扫码查收！

（阅读资料包的内容因书而异，最终以湛庐阅读App页面为准）

# 湛庐阅读App

## 思想者的声音图书馆

与最聪明的人共同进化
HERE COMES EVERYBODY

湛庐 CHEERS

**倡导亲自阅读**

不逐高效，提倡大家亲自阅读，通过独立思考领悟一本书的妙趣，把思想变为己有。

**阅读体验一站满足**

不只是提供纸质书、电子书、有声书，更为读者打造了满足泛读、通读、精读需求的全方位阅读服务产品 —— 讲书、课程、精读班等。

**以阅读之名汇聪明人之力**

第一类是作者，他们是思想的发源地；第二类是译者、专家、推荐人和教练，他们是思想的代言人和诠释者；第三类是读者和学习者，他们对阅读和学习有着持久的热情和源源不绝的内驱力。

CHEERS

# 以一本书为核心

## 遇见书里书外，更大的世界

**有声书**

随时随地，有温度、有感情地听本书

**纸质书**

湛庐纸书一站购买
还有读者专享福利

**精读**

2~4周，带你读完、读懂、读透一本好书

**电子书**

最新最全的湛庐电子书
随时随地亲自阅读

**讲书**

30分钟
大咖给你讲本书
让你挑书不费劲

**延伸阅读**

编辑精心制作的内容拓展
测试、视频、注释、参考文献
只为优化你的体验

**课程**

权威专家带你快速浏览
一个领域的知识概貌

**专题**

主题式阅读书单
让你与更多好书相遇

---

图书

NETFLIX
BUILDING A CULTURE OF FREEDOM AND RESPONSIBILITY
奈飞文化手册
POWERFUL

商业新知　科技趋势

奈飞文化手册

[美] 帕蒂·麦考德 Patty McCord

有声书　电子书　纸质书
49.99点　25.99点　查看详情
会员价 29.99点　会员价 15.59点

陈玮·《奈飞文化手册》精读班
跟随资深组织建设专家，用奈飞方...
精读　299点　会员价 239.2点

《奈飞文化手册》| 韩焱主讲
世界第一的流媒体公司教你如何打...
讲书　9.9点　会员价 4.95点

檀林·创业思维课
给创业者的模型思维工具箱
课程　129点　会员价 103.2点

延伸阅读

你拥有奈飞思维吗？

《奈飞文化手册》各章思考题

相关专题　查看更多

豆瓣均分8.0

2020职场调查填写有奖
免费赠送10本电子书

从思维变革到创新落地

有声书书单·檀林的模型思维书单

图书在版编目（CIP）数据

别让猴子跳回背上：为什么领导没时间，下属没事做？（经典版）/
（美）安肯三世著；陈美岑译. —杭州：浙江人民出版社，
2013.6（2021.10重印）

ISBN 978-7-213-05483-9

Ⅰ.①别… Ⅱ.①安… ②陈… Ⅲ.①企业管理 Ⅳ.①F270

中国版本图书馆 CIP 数据核字（2013）第 092430 号

浙江省版权局
著作权合同登记章
图字：11-2013-72 号

上架指导：**企业管理 / 畅销书**

**别让猴子跳回背上：为什么领导没时间，下属没事做？（经典版）**

作　　者：〔美〕威廉·安肯三世　著
译　　者：陈美岑　译
出版发行：浙江人民出版社（杭州体育场路347号　邮编 310006）
　　　　　市场部电话：（0571）85061682　85176516
集团网址：浙江出版联合集团　http://www.zjcb.com
责任编辑：王方玲
责任校对：朱志萍
印　　刷：天津中印联印务有限公司
开　　本：880 mm × 1230 mm　1/32　　　　印　　张：6.625
字　　数：7.8 万　　　　　　　　　　　　　插　　页：2
版　　次：2013 年 6 月第 1 版　　　　　　　印　　次：2021年10月第18次印刷
书　　号：ISBN 978-7-213-05483-9
定　　价：36.90 元